MI HIJO QUIERE SER ASTRONAUTA

MI HIJO QUIERE SER ASTRONAUTA

naomi Richards

Ayuda a tu hijo a solucionar sus problemas
y a superar sus miedos

AGUILAR

PRISA EDICIONES

Título original: *The Parent's Toolkit*
Publicado originalmente por Vermilion, sello de Ebury Publishing,
dentro de Random House Group
© Naomi Richards, 2012
© De la traducción: Ana Momplet Chico, 2012

© De esta edición:
2013, Santillana Ediciones Generales, S. L.
Avenida de los Artesanos, 6
28760 Tres Cantos - Madrid
Teléfono 91 744 90 60
Telefax 91 744 90 93
@Aguilaredit
www.facebook.com/librosaguilar
www.librosaguilar.com
aguilar@santillana.es

Diseño de cubierta: Compañía
Fotografía de cubierta: Dan Kenyon

Primera edición: febrero de 2013

ISBN: 978-84-03-01319-3
Depósito legal: M-303-2013
Impreso en España
Printed in Spain

Para mis chicos D, E y K

Índice

Introducción

Me llamo Naomi Richards y por lo que sé soy la única coach que trabaja con niños de 6 años en adelante en Reino Unido. Si consultan la Red, comprobarán que hay varios coach que trabajan con adolescentes, y otros que se dedican a los padres, pero parece que soy la única en el país cuya actividad se concentra en niños en edad escolar primaria. La razón puede ser bastante sencilla. El coaching para niños es algo bastante nuevo en Reino Unido y cualquier novedad tarda tiempo en cristalizar. En Estados Unidos el coaching para niños ya se ha extendido bastante, hasta el punto de que muchos cuentan con ello y no conlleva ningún prejuicio: se ve como un proceso gradual y positivo que ayuda a los más pequeños a solucionar sus propios problemas. También se ha hecho popular porque es muy distinto de la psicoterapia/terapia. Una de las principales diferencias entre ambas es que la terapia se centra en el pasado de una persona, mientras que el coaching se vuelca completamente en mirar hacia delante y en hacer cambios con vistas al futuro.

Soy consciente de que la idea de un coaching para niños puede parecer algo ambigua, de modo que he aquí varios ejemplos con los que podría describir mi trabajo.

- Enseño a los niños a buscar soluciones prácticas a sus problemas.
- Les ofrezco las habilidades/herramientas que necesitan para la vida.
- Los ayudo con sus problemas y sus preocupaciones mediante principios de coaching.
- Me dedico al «aquí» y al «ahora» de los problemas de un niño.
- Convenzo a los niños de que son capaces de cambiar las situaciones en las que se ven envueltos.
- Trabajo con los niños, animándolos a mejorar en la comunicación y el proceso de razonamiento.
- Ayudo a los niños con sus dificultades, sus miedos y sus pensamientos.

Creo que estas definiciones explican de qué se trata mi trabajo y espero que alguna de ellas, si no todas, os resulten familiares.

¿Por qué quieren los padres un coach para sus hijos?

Los padres son casi siempre quienes animan a su hijo a hablar conmigo, y muchos de los niños aceptan de buen grado la idea de compartir sus pensamientos y sus miedos con un adulto imparcial. Hubo un tiempo en que los niños tenían abuelos o tíos con los que podían hablar, pero hoy en día las familias están más fragmentadas geográficamente. Algunos niños no tienen a nadie con quien hablar ni quien los ayude con sus problemas.

Los padres acuden a mí por cuatro razones:

- Su hijo tiene un problema y no saben cómo ayudarlo.
- Los padres notan que su hijo tiene un problema pero el niño no quiere hablarles de ello.
- Los padres quieren que haya un cambio en el comportamiento de su hijo.
- Los padres creen que su hijo debe aprender nuevas habilidades.

Sea cual fuere el motivo, yo puedo ayudarlos. En este libro pretendo daros la capacidad de ayudar a vuestros hijos.

Sería maravilloso que como padres tuviéramos todas las respuestas, pero no es así. En mi opinión la experiencia de ser padre es un reto diario. Aprendemos constantemente de nuestros hijos y de nosotros mismos como padres. Tenemos que valernos de nuestros instintos, a veces sobre la marcha, y esperar a que sean acertados, teniendo en cuenta los sentimientos y los pensamientos de nuestros hijos a la vez que nos aseguramos de que el resto de la familia está bien y contenta y que tiene todo cuanto necesiten. Ser padre es un trabajo a tiempo completo que incluye todo un abanico de emociones. En mi opinión un instante puedo estar abrazándolos y al siguiente a punto de estallar de rabia. El humor de nuestros hijos es increíblemente variable y puede afectar a nuestra actitud y a nuestra forma de interactuar con ellos.

Un proceso gratificante

Entrenar a un niño para la vida es un proceso muy gratificante —después de todo estás contribuyendo a que la generación del futuro convierta sus pensamientos, sus sentimientos y las situaciones negativos en más positivos y constructivos—. Los niños quieren comprenderse mejor y en el coaching descubren que pueden ver claramente lo que de verdad quieren en la vida. El coaching puede fortalecer la confianza en sí mismos y ayudarlos a sobrellevar mejor la presión escolar, la vida y las relaciones en casa.

Los niños tienen recursos para resolver problemas, pero no siempre saben utilizarlos: a veces necesitan orientación. Necesitan a alguien que se siente con ellos, les hable del problema y luego pensar cómo resolverlo. Y esa persona puedes ser tú. Además de su padre o su madre eres alguien a quien respetan y en quien confían, y puedes ser quien los oriente en sus problemas. Los niños tienen que ser capaces de resolver problemas, pues más adelante tendrán que tomar decisiones sobre su trabajo, sus relaciones, su casa, etcétera. Pero incluso cuando están en la escuela primaria ya tienen que ser capaces de valerse por sí mismos, de modo que nunca es demasiado pronto para empezar a trabajar con ellos como «entrenador» y darles esas «herramientas de vida» fundamentales. De lo contrario, es posible que recurran a ti cada vez que tengan que tomar una decisión.

Orientar a tu hijo en sus problemas

Por lo general los niños quieren tratar los problemas sobre la marcha y resolverlos con rapidez. Prefieren eso a adoptar soluciones que requieran un esfuerzo a largo plazo. Sencillamente, no tienen paciencia. Les preocupa el problema que tienen ahora y quieren que desaparezca antes de que llegue mañana. Si el problema no desaparece, puede hacer que el niño se sienta atascado y afecte a su humor en otras áreas de su vida. Se traen los problemas de la escuela a casa y se llevan los de casa al contexto escolar. Y parece que no hubiera salida.

Los niños quieren sentir que sus padres los valoran, los respetan y los escuchan. Cuando es así, lo más probable es que respondan con ese mismo respeto y sean colaboradores. Puede que estén más dispuestos a escuchar y valoren más tus ideas y tus opiniones. Tú puedes ser la persona que los escucha y los orienta con sus problemas dándoles las herramientas que necesitan para avanzar en esta vida. De este modo, estarás preparándolos para ser jóvenes felices, fuertes y seguros de sí mismos. Con las herramientas que utilizo en este libro voy a demostraros que vosotros —como padres— también podéis ser los entrenadores de vida de vuestros hijos.

He escrito este libro con la idea de ayudaros a saber más de lo que sucede en la mente de vuestros hijos para que os centréis en ayudarlos en aspectos de la vida que les preocupan. Os será útil en los momentos en los que no sepáis qué decir cuando vuestro hijo viene con un problema, y os guiará hasta encontrar una solución adecuada para él o ella. Nunca hay una sola respuesta para el problema de un niño: hay montones, y por ello precisamente es tan importante explorar todas las posibilidades antes de que el niño tome una decisión sobre cómo afrontar ese problema y solucionarlo.

Este libro es una caja llena de materiales útiles para hacer que tu hijo empiece a hablarte de asuntos que le preocupan y podáis pensar en una solución juntos. Se trata de comunicarse y colaborar. Ningún niño quiere sentirse aislado y sin nadie con quien hablar. Quieren vuestro tiempo, vuestra comprensión y vuestra ayuda para afrontar las situaciones difíciles en las que se ven involucrados, o los sentimientos de infelicidad que los invaden.

Está dirigido a cualquier persona que esté criando un hijo, ya sea como abuelo, padrastro, pariente o tutor. ¡Este libro es para ti! Ahora bien, recuerda que sólo trabajo con niños a partir de 6 años, de modo que estas actividades son esencialmente para niños en edad escolar primaria. Si se utilizan con chicos menores de esa edad, puede que no resulten tan eficaces.

El libro trata los principales terrenos de la vida de un niño en los que necesita ayuda. Se diferencia de cualquier otro libro educativo que trata de lo que los niños necesitan de sus padres y de su vida (utilizaré la palabra «padres» en todo el libro dado que la mayoría de personas responsables de un niño son sus padres, independientemente de cómo adopten ese papel).

Trabajar en equipo

He intentado escribir este libro de manera relajada y realista para que sientas como si estuviera ahí contigo. Cuando empiezo el coaching con niños primero los veo a solas, y luego, con permiso del niño, hacemos turnos con sus padres. Lo hago para que los padres sean conscientes de lo que el niño va a hacer entre sesión y sesión. Esto significa que juntos podemos trabajar en equipo y los padres pueden observar si se producen los cambios esperados en el niño. Al leer este libro irás metiéndote en el trabajo en equipo. El coaching es un trabajo en colaboración: tu hijo y tú formaréis parte del mismo equipo y trabajaréis juntos para encontrar soluciones a problemas. Para algunos niños no hay nada mejor que formar parte de un equipo. Quiero que llegues a apreciar intuitivamente el coaching y que veas la utilidad de mis técnicas para tu hijo.

He dividido el libro por los aspectos más importantes de la vida de un niño, allí donde según mi experiencia la mayoría suele necesitar ayuda. Cada capítulo se centra en un aspecto importante que engloba otros temas relacionados con él. He incluido numerosos casos prácticos con la esperanza de que reflejen algunas de las situaciones que se pueden estar dando en tu casa ahora mismo, y para darte ideas de cómo hablar con tu hijo y lidiar con un problema en concreto. Todos los ejemplos incluidos son estudios de casos verdaderos, aunque he cambiado los nombres y algunos datos identificativos de los niños para proteger su identidad.

Asimismo, he sembrado el libro con preguntas para hacerte reflexionar acerca de ciertos temas. Siempre que veas el símbolo de una bombilla, encontrarás una pregunta, y antes de meterte en el papel de coach de tu hijo me gustaría que te hicieras con un cuaderno de notas. Estas preguntas te invitan a pensar en tu hijo, en qué ayuda necesita y cómo puedes ayudarlo. Puedes utilizar el cuaderno para escribir la solución que tu hijo va a intentar aplicar y luego supervisar su progreso. También puedes anotar aquello que no funciona. Tu cuaderno puede ser un complemento de todo lo que estoy hablando, y cuando termines de leer el libro debería contener información valiosa sobre aquello con lo que tu hijo se muestra receptivo y las medidas que él tomará de aquí en adelante. Guarda el cuaderno en lugar seguro y fecha los comentarios de manera que puedas comprobar cuándo empezaste a aplicar cada medida. Puedes consultarlo siempre que lo necesites.

También encontrarás por todo el libro recuadros destacados con la frase «La herramienta que hay que utilizar». Estos recuadros contienen las principales herramientas de cada capítulo, y cada herramienta es un ejercicio sumamente útil y convincente que puedes hacer con tu hijo para que cambie la situación en la que se encuentra.

Todas las ideas incluidas en este libro han sido utilizadas en mis sesiones con niños y ahora quiero compartirlas. No todas son de mi propia cosecha, pero sí la mayoría. Y ahora quedan escritas en papel, listas para su uso y para que las emplees como si fueran tuyas.

Puede que algunas de ellas no sean adecuadas para tu hijo, y es posible que al sugerir una la rechace taxativamente. No te preocupes: habrá otras que puedas utilizar y que lo motiven más. Ahora bien, aunque hablo de ir probando ideas, conviene recordar que suelen tardar un tiempo en hacer efecto, de modo que si después de un par de días o de semanas no crees que lo que está probando tu hijo funcione, persevera. Puede que tarde un poco más en cuajar.

I

Cómo ayudar a tu hijo a comunicarse mejor

«Si tenemos dos orejas y una sola boca, es precisamente para escuchar el doble de lo que hablamos».

EPÍCTETO

Dedícale tu tiempo para hablar

Si algo recomiendo a cualquier familia es que haya buena comunicación y, curiosamente, es uno de los temas que los niños sacan más en las sesiones de coaching.

A menudo se quejan de que sus padres no los escuchan, o que ni siquiera les oyen. Por ejemplo, pueden tener la sensación de que tienen que repetir constantemente las cosas o que no los avisan de próximos aconteci- mientos, como citas para jugar con sus amigos, visitas al dentista, etcétera. Algunos sienten también que sus padres no les dedican suficiente tiempo para hablar. Hasta cierto punto todos somos culpables de ello. Sa- bemos que no les estamos dedicando la atención que merecen porque empiezan a gritar mientras estamos ocupados en otra cosa, nos repiten las mismas pregun- tas o no entienden lo que tienen que hacer porque no se lo hemos explicado lo suficientemente claro.

A nivel de aprendizaje diario, creo que si pudié- ramos dedicar más tiempo para explicar una cosa a nuestros hijos una sola vez no tendríamos que perder *nuestro* tiempo más tarde para aclarárselo. La comu- nicación es fundamental en cualquier familia. Hablando y escuchando descubrirás las necesidades y las ca- rencias de tu hijo, resolverás rápidamente malentendi- dos y discusiones y aprenderás a comunicarte con eficacia dentro de tu familia. Recuerda que cada fami- lia es un mundo, y no todo lo que funciona en una sirve a las demás. Sé de familias que se comunican dejándose notas por la casa porque se ven muy poco mientras que otras se reúnen una vez a la semana para discutir asuntos que tienen descontentos a los padres y a los hijos.

Así pues ¿cómo podemos dar a nuestros hijos la oportunidad de hablar, para que hablen de verdad con nosotros? Cuando digo «hablar de verdad» me refiero a mantener una conversación en la que expresen qué piensan y compartan su día a día contigo. Hay comidas, aperitivos, trayectos en el coche, horas de acostarse, etcétera. Todas ellas son una oportunidad fantástica para charlar y compartir, para intercambiar anécdotas y experiencias. En esos momentos los niños pueden estar más relajados y les resultará más fácil abrirse a ti.

Una buena ocasión para hablar puede ser por la mañana, antes de ir al colegio, o por la noche, antes de acostarse. Son momentos en los que el monstruo que acecha a un niño puede asomar la cabeza. La «charla» debería ocurrir cuando creas que tu hijo va a estar receptivo y dispuesto a participar en una conversación, y en un momento en el que de verdad tengas tiempo para hablar. Cuando hables con tu hijo, tómate todo el tiempo que necesite y no le metas prisa. Puede suponer que se duerma diez minutos más tarde de lo acostumbrado, pero eso es preferible a que no se pueda dormir porque tenga algo rondándole la cabeza. Todo lo que te explique es importante para él, así que escúchalo atentamente y déjalo hablar hasta que termine. No creo que haya un «límite de tiempo» para hablar con tus hijos. Lo más importante es que tu hijo sepa que tiene toda tu atención, de modo que intenta que no os interrumpa nadie, ni el teléfono ni el timbre de la puerta. Cuando hablo con mis hijos no quiero distracciones. Quiero que ambas partes estemos centradas y que mis hijos sientan que en ese momento no hay nada más importante que nuestra conversación.

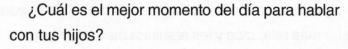

Del 1 al 10, ¿cómo calificarías la comunicación actual en tu casa?

¿Cuál es el mejor momento del día para hablar con tus hijos?

Abordar y reconocer sus sentimientos

Parte del proceso de charlar y ponerte al día con tu hijo es comprobar que se siente bien con todo lo que sucede en su vida. A menudo pregunto a los míos: «¿Cómo va el cole?», «¿Qué ha pasado hoy?», e intento leer sus sentimientos y entender tanto lo que me cuentan como lo que no. Puede que haya algo de lo que le quieras hablar. Por ejemplo, si se ha portado mal ese día. Primero piensa en cómo quieres abordar el asunto y cómo vas a dirigirte a tu hijo: ¿qué tono podrías utilizar, qué tipo de palabras y cómo vas a plantear sus sentimientos? Plantéale preguntas abiertas sobre el tema para que no te responda con los ojos en blanco y con evasivas.

Cómo plantear preguntas abiertas a tu hijo

La conversación podría empezar de cualquiera de estas formas:

«He notado que estás un poco disgustado últimamente. ¿Cómo va el cole?».

«¿Qué tal con tu amigo/a? Hace mucho que no lo/la mencionas...».

«Pareces un poco nervioso por los exámenes. Tengo muchos trucos para que estés menos estresado. ¿Quieres que te cuente un par?».

«¿Cómo va el cole? ¿Qué tal con tus amigos? ¿Cómo van las clases? ¿Qué es lo que más te cuesta?».

«¿Qué opinas de...?».

Si tu hijo confunde sus sentimientos con sus pensamientos —lo cual es bastante frecuente— puedes fijarte en sus cambios emocionales y poner nombre a esa emoción —por ejemplo, «Pareces estar pensando en algo que te entristece»—, y eso debería alentar a tu hijo a decir algo sobre cómo se siente.

Para resolver cualquier problema debes mostrar empatía y comprensión ante el asunto para que tu hijo sienta tu apoyo emocional. El hecho de que comparta sus preocupaciones y sus problemas contigo es bueno para tu hijo. Le hace sentir que la carga que lleva encima es más liviana. Y aunque no quiera o no necesite tu ayuda, conviene que sepa que siempre estás ahí para escucharlo.

¿Quieren ayuda para resolver problemas?

Al comenzar la conversación puede que tu hijo empiece a hablar de un problema sin llegar a pedirte ayuda para resolverlo. Pregúntale si quiere tu ayuda o simplemente quiere que lo escuches. Es posible que quiera compartir lo que planea hacer ante el problema y que quiera asegurarse de que crees que va a hacer lo correcto. Algunos niños me cuentan que tienen un problema pero no quieren hacer nada al respecto. Sin embargo, en la mayoría de los casos es probable que estén buscando una solución.

La herramienta que hay que utilizar

Solucionar problemas:

1. Pregunta a tu hijo qué cree que puede hacer ante el problema.
2. Intenta que se plantee tantas soluciones como sea posible.
3. Escribid las soluciones.
4. Discutid cada solución detalladamente. ¿Qué consecuencias cree que puede tener cada una de ellas? ¿Qué pasaría si adoptara la solución X o cómo reaccionaría la otra persona? Esto preparará a tu hijo ante resultados esperables e inesperados.
5. Pregúntale qué posibilidades de funcionar cree que tiene cada opción, del 1 al 10.
6. Analizad los resultados para ver qué soluciones tienen más probabilidad de funcionar.
7. ¿Se le ocurre alguna circunstancia que pueda impedirle solucionar el problema? Si es así, hablad sobre ese obstáculo y cómo superarlo.
8. ¿Cuándo podría intentarlo? ¿Ese mismo día o esa semana?
9. Pregúntale cómo sabrá si ha funcionado.

Con un poco de ayuda y apoyo de tu parte es más probable que pruebe esta nueva fórmula para

resolver problemas. Una vez que lo haya intentado, pregúntale qué tal le ha ido y si ha funcionado.
Si es que no, anímalo a elegir otra idea más adecuada. Sea la que sea, apoya su decisión. Recuerda que es su problema y tu hijo sabrá qué es
lo que le conviene más.

Como ejemplo de esta situación, veamos cómo
John encontró una solución adecuada para su problema.

John se estresaba mucho por las mañanas por todo
lo que tenía que hacer antes de ir al colegio. Tenía
que hacer deberes, desayunar, ducharse, preparar
la mochila, etcétera. Tenía tan poco tiempo para hacerlo todo que se estresaba. Quería tener mañanas
más relajadas. Se nos ocurrieron las siguientes soluciones posibles:

a) Preparar la mochila por la noche.

b) Ducharse por la noche.

c) Levantarse cuando suena el despertador.

d) Programar el despertador para que suene media
hora antes.

e) Terminar los deberes por la noche.

Analizamos la viabilidad de cada solución y las valoramos del 1 al 10. La idea con mejor nota sería la
que habría que probar.

Solución	Viabilidad	Nota
Preparar la mochila por la noche	Buena idea	9
Ducharse por la noche	Prefiere ducharse por la mañana	6
Levantarse cuando suena el despertador	Sí, no seas dormilón	8
Programar el despertador para que suene media hora antes	No tendrá ningún efecto	3
Terminar los deberes por la noche	Buena idea	9

John decidió hacer sus deberes y preparar la mochila la noche anterior, y eso le daría veinte minutos extra para hacer el resto de sus cosas a la mañana siguiente.

También puedes animar a tu hijo a que piense en las consecuencias de cada solución si la pone en práctica, y escribirlas en una hoja de papel (por ejemplo, ¿qué ocurriría si intenta cada solución?). ¿Qué consecuencias negativas acarrearían, y positivas? De este modo tu hijo podrá calibrar en su mente cuál es la mejor solución. Si utilizas el ejemplo anterior, el papel quedaría así:

	Negativas	*Positivas*
Preparar la mochila por la noche	Menos tiempo para ver la tele	Más tiempo por la mañana
Ducharse por la noche	Prefiere ducharse por la mañana	Más tiempo por la mañana
Levantarse cuando suena el despertador	Necesita dormir	No irá con tanta prisa
Programar el despertador para que suene media hora antes	Crea confusión	Estará listo para ir al colegio
Terminar los deberes por la noche	Menos tiempo para ver la tele	Más tiempo por la mañana

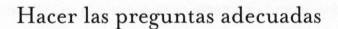

Piensa en algún problema que tenga tu hijo.
¿Se te ocurre alguna manera de ayudarlo
a resolverlo?

Hacer las preguntas adecuadas

Los niños suelen tener dificultades para identificar y verbalizar sus pensamientos, y por ello es más fácil que
te cuenten cómo se sienten mientras hacen una actividad. Personalmente, me gusta hablar con mis hijos

cuando están algo distraídos, como cuando preparamos la cena o hacemos galletas. De hecho, me encanta charlar con ellos cuando vamos en coche a algún sitio. Suelen estar más relajados y dispuestos a hablar sobre lo que piensan y sienten porque no hay un contacto visual directo y no notan una atención intensamente concentrada sobre ellos.

Un poco antes, al sugerir propuestas para hacer que los niños empiecen a hablar, mencioné las preguntas abiertas. Una pregunta abierta no ofrece a tu hijo la posibilidad de contestar «sí» o «no», sino que lo obliga a dar una respuesta más detallada. Por ejemplo, al preguntar «¿Que has hecho en el cole hoy?», o «¿Cuéntame qué tal en la bolera?» te aseguras una respuesta de al menos una frase.

Las preguntas abiertas siempre empiezan con un ¿por qué?, ¿qué?, ¿dónde?, ¿cómo? o ¿cuándo? Ahora bien, hay que tener cuidado y plantearle pocas preguntas, nunca bombardearlo con ellas. Los niños odian que se les lance una pregunta tras otra, y al final pueden acabar sintiéndose interrogados.

Si tu hijo no quiere hablar contigo, puedes intentar adivinar lo que contestaría a tu pregunta y ver si está de acuerdo con la respuesta.

Otra posibilidad es dejar la conversación abierta y que te conteste más tarde. Si no estás acostumbrado a hablar con tu hijo de forma regular, no esperes que se abra a ti a la primera. Puede tardar en adaptarse al hecho de que te intereses en lo que hace y a que le preguntes. Pero no desistas. Intenta ofrecerle el máximo de oportunidades para hablar, y es probable que aproveche alguna de ellas.

> Si adviertes un cambio en el comportamiento de tu hijo es que siente algo (positivo o negativo) y puede ser una señal de que ha llegado el momento de hablar.

¿Estás dedicando toda tu atención a tu hijo?

A menudo los niños sienten que no los escuchamos por lo que hacemos o lo que no hacemos mientras nos hablan. Podemos estar al teléfono, hablando con otro de nuestros hijos, haciendo alguna tarea doméstica, etcétera. La lista es interminable porque la mayoría de padres lleva una vida sumamente ocupada e intentamos hacer más de una cosa a la vez.

    ¿Con qué frecuencia te dicen tus hijos que no los escuchas? En mi casa al menos una vez a la semana. ¿Te has planteado alguna vez por qué?

- ¿Es porque no los miras mientras hablan?

- ¿Es porque no corroboras sus pensamientos o sus sentimientos?
- ¿Asientes con la cabeza? Es una buena manera de mostrar que estás escuchando.
- ¿Estás distraído por otra cosa u otra persona?
- ¿Utilizas palabras de reconocimiento como «sí, sí» y «¿de verdad?»?
- ¿Les sondeas con preguntas?
- ¿Es porque los interrumpes para decir lo que piensas o para preguntarles sobre lo que están diciendo antes de que terminen de hablar?

Al escuchar lo que tienen que decir les demuestras respeto, y ésta es una habilidad que conviene que hereden. Déjalos hablar, no los interrumpas y asegúrate de que los miras cuando te hablan. La mayoría de niños dirá que si no los miras es imposible que los estés escuchando. Hazles preguntas cuando terminen de hablar —prefieren eso a que los interrumpas una y otra vez—. Si les planteas preguntas pueden perder el hilo de pensamiento y enfadarse porque los has descentrado. Por último, utiliza comunicación no verbal y verbal efectivas, como asentir o decir «sí».

Párate a pensar unos instantes. ¿Qué haces cuando tu hijo te está hablando y qué podrías hacer de manera distinta?

¿Hay alguna alternativa a estar siempre encima de ellos?

Muchos niños sienten que sus padres no hacen más que agobiarlos pidiéndoles que lleven a cabo algo una y otra vez. Tienen que hacerlo porque saben que su hijo no está haciendo lo que le han pedido.

Sabemos que los niños odian que estemos encima de ellos, pero de vez en cuando es inevitable que se nos escape alguna palabra «agobiante». A su vez, ellos reaccionan dándonos una respuesta que no deseamos y adoptando una actitud rebelde, a veces incluso agresiva. Por ejemplo, algunos niños dejan de escuchar o se cierran en banda y contestan gritando.

Como padres, ¿qué debemos hacer para evitar que nuestros hijos se sientan agobiados por nosotros? Hay otras maneras de pedir a tu hijo que haga algo, con las que puede mostrarse más receptivo y colaborar más. A los niños les suele gustar que cuando les dices que hagan algo les expliques por qué se lo estás pidiendo. Una vez que le expliques el motivo mostrará más disposición a hacerlo. También ayuda que le digas para cuándo tiene que hacer algo. Por ejemplo, puedes pedir a tu hijo que prepare los libros para el colegio antes de irse a la cama. Es posible que no lo haga, pero si le explicas que de ese modo no tendrá que levantarse antes para preparar los libros, y que no le darás la lata con ello, puede que lo motive a hacerlo cuando se lo pides. Los niños normalmente quieren ver u oír los beneficios que tendrá lo que les pedimos que hagan.

Otro ejemplo de este tipo de interacción se puede observar en el comportamiento de la madre de una niña con la que trabajé. Pidió a su hija que esperara en el coche para venir a pagarme después de una sesión de coaching. Al ver que la niña no quería la madre siguió insistiendo en que se metiera en el coche. Después de varios intentos acabó sobornando a la niña. Avergonzada por la situación, la madre me preguntó: «¿Qué otra cosa podía hacer?». Le contesté: «Podías haberle dicho que sólo serían un par de minutos y preguntarle si prefería esperar pacientemente con nosotras o quedarse esperándote en el coche». A la madre le gustó la idea de dar a su hija la posibilidad de elegir y lo intentó al término de la siguiente sesión. Funcionó: la niña decidió quedarse en el coche.

Utilizar las palabras adecuadas

Si utilizamos las palabras adecuadas con un niño podemos recibir buenas respuestas. Al abordar el tema de lo que a los niños les gusta escuchar, di con una palabra que les puede venir bien tanto a ellos como a los padres. Es una palabra a la que los niños responden bien, pues no es ni positiva ni negativa. Se trata de «y». Si cambias la palabra «pero» por «y» podrás alabar a tu hijo sin que se sienta criticado. Por ejemplo, «Nos gusta lo que has hecho pero te has dejado...» no suena tan bien como «Nos gusta lo que has hecho y si añades esto quedaría aún mejor...».

Me encanta cómo suena una «y», y a mis hijos también. Me gusta tanto que he eliminado el «pero» de mi vocabulario y lo he sustituido por la «y». Con ello consigo más cooperación por parte de mis hijos y ellos no se sienten entristecidos por el «pero». En mi opinión «pero» puede ser una palabra sumamente negativa y parece indicar que se avecina una crítica.

☞ Cambia el «pero» por una «y».

Hay otra palabra que me parece muy eficaz y me encantaría compartir con vosotros: la palabra «cuando». Podrías sustituir «si» por «cuando» si quieres obtener una respuesta mejor de tus hijos. Por ejemplo, «cuando termines de cenar puedes tomar un yogur», suena menos condicional que «Si terminas...». «Si» suena a amenaza, ¿no crees? La palabra «cuando» te ayuda a conseguir exactamente lo que quieres de tu hijo. En este caso, se trata de que se acabe todo el segundo plato antes de tomar el postre.

☞ Cambia el «si» por un «cuando».

Ambas son fantásticas palabras para la comunicación, porque son positivas.

¿Qué palabras utilizas para que tus hijos cooperen más?

Si aún no utilizas «y» y «cuando» inténtalo y toma nota de cómo responden tus hijos a esas palabras.

Cómo ayudar a niños con tendencia a hablar demasiado

A algunos niños les encanta hablar, no porque les guste cómo suena su voz, sino porque tienen mucho que decir. Por ejemplo, cuando estoy con mi hijo mayor y sus amigos, a menudo uno de ellos empieza a hablar sin parar sobre lo que está haciendo y no invita al otro a entrar en la «conversación». Se convierte en un monólogo completamente unilateral y aunque su amigo quisiera decir algo no lograría meter una palabra ni de canto. Es lo que suele pasar con mi hijo y su mejor amiga. Se emocionan tanto al estar juntos que no se dejan hablar, hasta tal punto que me he visto obligada a enseñar a mi hijo a respetar los turnos en la conversación para que el monólogo se convierta en una conversación interesante. A veces tengo que guiar el rumbo de las conversaciones de mi hijo y sus amigos, diciendo: «Quizá X tiene algo que decir» o «¿Y tú qué opinas, X?».

Hay un juego fantástico que puedes utilizar para que los niños pongan freno a estas conversaciones unilaterales o en situaciones en las que responden a una pregunta con demasiada información. Haz una pregunta a tu hijo y concédele un tiempo limitado para contestarla (unos diez-veinte segundos). Utiliza un cronómetro o un temporizador de cocina para que vea que no haces trampas. Haz que se centre en la cantidad de información que te transmite para darte la respuesta que quieres, y nada más. Si quiere tu hijo, puedes ir más allá y entablar una conversación. Preguntaos el uno al otro, centrando la atención en las preguntas y las respuestas alternativamente.

Sin embargo, no sólo los niños pueden hablar demasiado. Como padres, también podemos pecar de hablar demasiado cuando nuestros hijos nos preguntan. ¿Cómo darles respuestas breves y relevantes? He aquí varios consejos:

● Que las respuestas se adecuen a su edad. Sabes lo que tus hijos entienden y lo que no, de modo que utiliza un lenguaje que conozcan.

- Dales la información justa para satisfacer su curiosidad. Si quieren más información, te harán otra pregunta.
- Que la respuesta sea breve. Con una respuesta larga puede que pierdas su atención.

¿Qué deberías cambiar en tus respuestas a las preguntas de tu hijo?

No decir lo suficiente

Si tu hijo se siente acosado porque no dejas de hacerle preguntas, puedes proponerle un juego en el que tendrá que hablar sobre su día durante un minuto o contestar cuatro preguntas sobre algo que ha hecho. Así, en lugar de preguntar: «¿Qué has hecho hoy?» para que la respuesta sea poner los ojos en blanco o un «Nada», tu hijo deberá decir qué hizo, con quién, cuándo, cómo y por qué. Ellos pueden elegir las preguntas que quieren contestar, pero tienen que ser cuatro. Si no recuerdan las preguntas, puedes escribirlas en una pizarra o en un trozo de papel y ponerlo sobre la puerta de la nevera o en un corcho con notas. Después de varios días se harán al juego y se acostumbrarán a hablarte de cómo les ha ido el día. Quizá podrías imponer una penalización para cuando no hablen durante un minuto entero o no respondan a cuatro preguntas. Una buena penalización sería que tienen que poner la mesa o hacer una tarea de la casa por ti.

De acuerdo, ya estoy escuchando pero ¿y mi hijo?

Igual que nosotros pecamos de no escuchar, también nuestros hijos. Puede que no nos escuchen porque no quieren o porque están demasiado absortos en otra cosa. Ya hemos discutido algunas de las razones por las cuales pueden no escucharnos —se encuentra en la sección «¿Hay alguna alternativa a estar siempre encima de ellos?» (véase pág. 38)—. Deberíamos ser capaces de notar que están absortos en otra cosa nada más entrar en la habitación en la que se encuentran o escuchando lo que están haciendo. Si quieres que tu hijo te preste atención y sabes que está haciendo otra cosa, entra en la habitación en la que está y háblale directamente. No grites de una habitación a otra. Si no lo harías con tu jefe en el trabajo, ¿por qué hacerlo con tus hijos? Lo único que conseguirás con ello es que te responda gritando: «¿Qué has dicho?», y tendrás que repetir tus indicaciones.

La herramienta que hay que utilizar

Conseguir que tu hijo escuche:

1. Si estáis en la misma habitación y tu hijo está haciendo otra cosa, haz que te mire diciendo: «Por favor, ¿puedes mirarme? Me gustaría hablar contigo».
2. Si está distraído con la televisión o el ordenador, pídele: «Por favor, ¿puedes dar a la pausa? Me gustaría hablar contigo. Cuando termine de hablar puedes volver a lo que estás haciendo».
3. Dale la información que necesita y luego pídele que te repita lo que acabas de decir. Si es capaz de repetírtelo, es que te ha escuchado. Si no, vuelve a intentarlo.

Si quieres, puedes llevar lo de la repetición un poco más allá y convertirlo en un juego en el que hablas de un tema durante unos minutos y después pides a tu hijo que te repita cinco puntos importantes de lo que has hablado. Otro juego que creo útil es la asociación de palabras. Consiste en que tú dices una palabra y tu hijo tiene que decir otra relacionada con ella. Por ejemplo, patata-zanahoria-conejo. Es un buen juego para ejercitar la memoria y las capacidades auditivas, y los ayuda a prestar atención, concentrarse y escuchar. Prueba ambos juegos y a ver qué tal os va.

Para conseguir que mis hijos me escuchen a veces les digo: «¿Lleváis puestas las orejas de escuchar? Porque necesito hablar con vosotros». Esto siempre los hace reír, pero también los anima a escucharme. Otra forma de hacerlo es decirles que si no escuchan se perderán información que les podría venir bien. Por ejemplo, es posible que les estés proponiendo salir de excursión o que les estés preguntando si quieren un helado. Si no escuchan, pueden perder su oportunidad, y no querrán perderse algo tan importante como eso...

Comunicarse puede ser divertido

«El secreto del humor es la sorpresa», ARISTÓTELES.

Si hay una cosa que cautiva a los niños es el humor: ver a mamá o a papá bromeando, haciéndolos reír. El humor es una manera sorprendente de unirte y comunicarte con tu hijo. Se puede utilizar para distender o quitar seriedad a una situación. Yo lo utilizo cuando están de mal humor, cuando no quieren comer y cuando ellos o yo cometemos errores. Por ejemplo, cuando veo que se avecina una pataleta a veces me tiro al suelo y empiezo a patalear, o si veo que mi hijo se está enfadando, a veces logro disiparlo haciendo una mueca graciosa o soltando alguna broma. Si tienes elección, el humor es mucho mejor opción que enfadarte y gritar a tu hijo, pues alivia la situación. Ahora bien, sólo tú sabes si tu hijo responde bien al humor. Si no es así, no lo utilices.

La comunicación no verbal es igual de importante

«Según los estudios, el 93 por ciento de la comunicación efectiva es no verbal. El 55 por ciento se transmite por lenguaje corporal y el 38 por ciento a través del tono, lo cual deja sólo un 7 por ciento en la palabra hablada», PROFESOR ALBERT MEHRABIAN.

¡Caray! Eso significa que hay mucha comunicación no verbal y yo estoy totalmente a favor de ella. En mi opinión, los abrazos, los besos, una sonrisa cómplice o pícara, y una mirada de ánimo son tan importantes como las palabras, pues expresan a nuestros hijos que son maravillosos, que estamos orgullosos de ellos y los hacen sentirse queridos, válidos y seguros. De hecho, me atrevería a decir que forman parte de las necesidades básicas de cualquier niño, junto al alimento, el alojamiento y el vestido. Todo ello los hace sentir capaces, les da confianza para probar cosas nuevas y nutre su autoestima. A la mayoría de los niños les encantan las muestras de afecto, pero si tienes la impresión de que no les apetece un besito o un abrazo, también puedes escribirles una nota diciéndole lo mucho que los quieres y por qué.

¿De qué modo reciben tus hijos la comunicación no verbal de tu parte?

Lo que vas a necesitar

Encuentra el momento adecuado para hablar con tus hijos.

Reconoce sus sentimientos.

Plantéales las preguntas adecuadas.

¿Les prestas atención?

Hay una alternativa a agobiarlos.

Si eliges las palabras adecuadas, obtendrás una mejor respuesta.

Explica siempre a tu hijo por qué tiene que hacer las cosas.

Ayúdalo a encontrar el equilibrio en la comunicación verbal.

Utiliza la comunicación no verbal.

2

Cómo alimentar la confianza de tu hijo

«Sin confianza en nosotros mismos somos como bebés en la cuna».

VIRGINIA WOOLF

¿Qué es la autoconfianza?

La autoconfianza consiste en creer en uno mismo y sus capacidades. Quienes tienen confianza en sí mismos tienen más capacidad de superar los obstáculos que encuentran en su camino. Les resulta más fácil derribar barreras y a menudo son personas más asertivas.

En una escala del 1 al 10, en la que el 10 es el mayor grado de autoconfianza y 1 el menor, ¿cuánta autoconfianza crees que tiene tu hijo?

¿En qué aspecto crees que a tu hijo le vendría bien una dosis de autoconfianza?

¿Quién es responsable de la falta de autoconfianza de tu hijo?

No creo que sea justo culpar a una sola persona de la falta de confianza de tu hijo en sí mismo. Es posible que alguien le hiciera un comentario cruel o criticara algo que hizo. Eso dejó maltrecho su ego y lo ha llevado a pensar que nunca más dirá o intentará hacer nada. El daño que deja ese incidente hace que le resulte difícil recuperar su autoconfianza. Esa persona pudo ser un amigo o un familiar, o incluso puede que fueras tú sin saberlo. Por ejemplo, imagina que tu hijo tiene una presentación en el colegio y que sus compañeros se echan a reír cuando empieza a hablar, o que los compañeros de tu hija le dicen que es nula en los deportes. Quizá tú mismo hiciste un comentario como: «La última vez que lo intentaste no se te dio muy bien».

Comentarios negativos

En todas estas situaciones lo que importa es cómo tu hijo recibe el comentario. Si se lo toma a pecho, acabará pensando: «No quiero volver a hablar delante de la clase», «Nunca más voy a hacer deporte, porque soy nula» o «Tienes razón, se me da fatal». Es posible que se sienta así por un comentario aislado o por la combinación de varios de ellos. Por experiencia sé que los niños tienden a recordar los comentarios negativos sobre su persona y pueden llegar a hacerlos sentir inútiles. Un niño tiene que ser bastante fuerte para recibir un comentario negativo y entenderlo, valorarlo y decidir si le sirve para algo (y de lo contrario, ignorarlo). Por ejemplo, si alguien le dice a tu hijo que no sabe compartir y que ya no quiere jugar con él o ella, éste es un comentario bastante útil, pues informa a tu hijo de que debería compartir más.

Como padres, nuestra responsabilidad es alimentar la autoconfianza de nuestros hijos. Podemos ayudarlos en su camino, mostrándoles lo mucho que valen y ayudándolos a creer en sí mismos. Si utilizamos frases positivas con ellos y les damos ánimos en todo lo que hacen, los ayudaremos a experimentar y a explorar sus capacidades. Y esto, a su vez, alimenta su autoconfianza. En el capítulo 6 propongo ejemplos y actividades que puedes probar con tu hijo para promover la autoestima y que alimentarán su confianza en sí mismo.

Estas actividades son útiles, pues cuando se daña la autoconfianza de un niño generalmente necesita ayuda para restaurarla, y no siempre puede hacerlo solo. Una de las primeras cosas que podemos hacer es alimentar la autoconfianza desde dentro.

Alimentar la autoconfianza desde dentro

Los niños quieren tener confianza en sí mismos para ser capaces de enfrentarse con cualquier situación, para «cuidar» de sí mismos en situaciones difíciles y dar una buena imagen. A algunos niños la confianza les viene de forma natural; los padres tienen mucha confianza en sí mismos, y ellos también. Han visto cómo sus padres afrontan ciertas situaciones y han aprendido de ellos cómo deberían reaccionar. Todo niño tiene que aprender a confiar en sí mismo y esto se aprende de los padres.

Es importante que los niños desarrollen una imagen positiva de sí mismos. Una imagen positiva les permitirá confiar en sí mismos, conocer sus propias limitaciones y confiar en sus habilidades. Los niños que tienen una buena imagen de sí mismos se divierten más y saben manejarse en situaciones complicadas.

Aceptarlos tal y como son

Lo más importante es que los aceptemos por la persona que son.

La herramienta que hay que utilizar

Herramienta de aceptación:

1. Siempre que tu hijo haga algo bien deberías alabarlo mucho y celebrar el logro para animarlo a que continúe con ello. Por ejemplo, «¡Qué bien lo has hecho!».

2. Cuando tu hijo hace algo que no está del todo bien y quiere tu ayuda para hacerlo mejor la próxima vez, puedes aconsejarlo: «Lo hiciste muy bien la última vez; vamos a intentar hacerlo para que salga aún mejor».

3. No le digas que ha hecho algo mal («¡Lo has hecho mal!») ni lo critiques. Es mejor decirle: «Sabes, a veces se tarda un poco en hacer las cosas bien y cada error que cometemos es una experiencia para aprender».

4. Comparte con tu hijo los errores que tú mismo has cometido; ¡estoy segura de que son unos cuantos! Así comprenderá que no pasa nada por equivocarse y verá que cada vez que co-

metiste un error o te equivocaste aprendiste de la experiencia.

Nuestra labor como padres no resulta fácil cuando se trata de construir la confianza en sí mismos, pero si logramos ayudarlos a afrontar y manejar una situación en la que no sienten mucha confianza daremos un gran paso en la construcción de su autoconfianza en general. Cuando mi hijo mayor me dice que no siente confianza ante algo, le pregunto: «¿Qué es lo peor que podría pasar?». Se nos ocurren ideas absurdas, algunas bastante graciosas, y al final se siente mucho mejor. En el próximo apartado encontrarás otras ideas que pueden resultar muy útiles para alimentar la confianza de tu hijo.

Reflexiones positivas

Los niños son muy receptivos a la positividad y les gusta sentirse valorados. ¿Transmites a tu hijo la sensación de que es una persona divertida y de que su opinión te importa? ¿Eres capaz de ver sus logros y su talento? Si es así, díselo, porque le hará feliz que te des cuenta. Este tipo de comentarios se conocen como reflexiones positivas porque recuerdas algo que han hecho en el pasado. Una reflexión positiva puede verbalizarse de distintas formas: «Qué bien has hecho los deberes» o «Me has ayudado hoy. Me ayudas mucho».

Cumplidos

Los cumplidos también ayudan a construir la autoconfianza de un niño. A todos nos gustan los cumplidos. Sonríen de oreja a oreja mostrando lo orgullosos que están de sí mismos, pues los cumplidos los hacen sentirse bien, especiales y seguros de las cosas que hacen bien, ya sean grandes o pequeñas.

¿Cuándo fue la última vez que dijiste un cumplido a tu hijo? ¿Cómo reaccionó?

Dejad que los niños sean independientes y prueben cosas nuevas

Hay niños a los que les encanta probar cosas nuevas, y otros que prefieren quedarse con lo conocido. Me voy a centrar en aquellos a quienes les gustan los retos, ser independientes y probar cosas nuevas.

Es posible que tu hijo quiera subirse a la atracción del parque que da más miedo o que quiera aprender karate. Si tienes hijos como los míos, no dejarán de pedírtelo hasta que cedas. Independientemente de lo bien que le vaya en la nueva actividad o experiencia, adquirirá confianza, pues habrá salido de su terreno conocido para probar algo distinto y tú habrás demostrado que crees que puede hacerlo. Esto animará a tu hijo a probar experiencias nuevas y a desarrollar su confianza.

¿Hasta qué punto estás dispuesto a dejar que tu hijo pruebe cosas nuevas?

La confianza no estriba solamente en el hecho de superar nuevas experiencias, y se refleja incluso en nuestra presencia física. Varios niños me han preguntado durante las sesiones: «¿Cómo puedo mostrar que tengo más confianza?». Entonces trabajamos una postura para estar de pie o hablar con confianza aunque en realidad por dentro se sea un manojo de nervios. Nuestra actitud corporal y nuestra postura influyen mucho en cómo hablamos, y una postura erguida nos puede ayudar a proyectar la voz.

Mantenerse erguido

Cuando un niño me comenta que le resulta difícil hablar con otras personas, hablamos del lenguaje corporal. Algunos niños no tienen facilidad con el lenguaje corporal: les cuesta mantener contacto visual porque se sienten incómodos mirando a los ojos a alguien a quien quizá no conocen. Prefieren hablar con los ojos clavados en el suelo o en la ventana. En mi opinión algunos niños viven el contacto visual como una amenaza, por ello miran a otra parte y su cuerpo parece rehuir la línea directa con su interlocutor.

Una postura erguida es importante para dar la impresión de que se confía en uno mismo, y si tu hijo aparenta tener confianza acabará sintiéndola. Enséñalo a echar los hombros hacia atrás y mantener la cabeza mirando hacia delante como si lo estuvieran midiendo contra una pared. Ir encorvado y mirando al suelo no ayuda a fomentar la confianza, ni en el hablante ni en sus interlocutores. Si tu hijo es tímido o no muestra convicción al hablar, quizá sea buena idea practicar. De hecho, podrías utilizar el humor (mi manera preferida de hacer que los niños hagan lo que les pido): por ejemplo, cuando olvida mantenerse erguido, un «¿Dónde está mi árbol?» o «¿Cómo se pone un soldado?» suena mucho mejor que decir: «¡Ponte recto!».

También es posible que a tu hijo no se le dé bien el contacto visual, algo que resulta bastante importante en la interacción diaria con la gente. Hace falta confianza para mirar a los ojos a alguien. El contacto visual es una de las formas no verbales más importantes de comunicarse y conectar con los demás. Yo soy extrovertida y me encanta mirar a los ojos de la gente. Me gusta conectar con ellos, pues además de ser una ventana del alma, cuando estás conectado los ojos son capaces de contestar por sí solos preguntas como: «¿Me está prestando atención esta persona a lo que estoy diciendo?» o «¿Le caigo bien a esta persona?». Un buen contacto visual con alguien demuestra que confías en quién eres.

Sin embargo, no todo el mundo se siente tan cómodo con el contacto visual. Algunos niños se incomodan y sienten como si los estuvieras juzgando con la mirada.

Trabajé con Simon, un niño encantador de 10 años al que le costaba el contacto visual. Estaba mucho más cómodo mirándose los pies mientras hablaba. Trabajamos juntos y en unas semanas conseguí que me mirara mientras charlábamos. ¿Cómo lo hicimos? Es posible que logres conectar con tu hijo de esta forma.

Empezamos la sesión discutiendo la importancia del contacto visual. Le pregunté por qué pensaba que era necesario mirar a los ojos a la gente, qué expresaba una mirada directa a la persona que escuchaba y cómo quería sentirse cuando alguien le hablara. Según discutíamos nuestras ideas y nuestras opiniones, hice que empezara a levantar la mirada mientras hablaba. Para ello le pedí que se dijera a sí mismo que tenía que alzar los ojos cada pocas palabras. Fue un verdadero esfuerzo consciente por su parte. Cuando me tocaba a mí hablar, le pedí que me mirara cada dos o tres frases. Después de un par de sesiones se hizo a la dinámica y cuando se olvidaba de alzar la mirada yo tosía para recordárselo.

Ese miedo a mirar a los ojos estaba relacionado con una falta de confianza en lo que estaba diciendo. Por ello, trabajamos el contacto visual y la conversación al mismo tiempo. Le pregunté por qué creía que no tenía nada valioso que decir. Simon dijo que nadie lo escuchaba de verdad y que tenía la sensación de que no podía aportar nada a una conversación. Mi reacción fue decirle: «No lo sabrás hasta que lo intentes». A lo largo de varias semanas trabajamos juntos para reforzar su confianza. Conforme pasaba el tiempo Simon hablaba cada vez más, compartía sus opiniones y sus pensamientos y logré que paseara por la habitación mirándome de vez en cuando y con el cuerpo erguido. ¡Y funcionó!

Como sabéis, mi trabajo no termina en la sesión. Seguí trabajando con sus padres para que se aseguraran de que Simon reproducía lo que hacíamos en mis sesiones fuera de la consulta. Adoptamos palabras clave o pequeñas indirectas, como: «¿Con quién hablas?», para recordarle que debía mantener contacto visual con la persona a la que se dirigía o a quien escuchaba, o simplemente decíamos: «Cuerpo» para que pensara en lo que hacían su cuerpo y su rostro mientras hablaba.

Y sonríe, sonríe, sonríe

¿No se dice que cuando sonríes el mundo sonríe contigo? En mi opinión sonreír nos hace parecer y sentirnos más seguros de nosotros mismos. Del mismo modo que puedes ayudar a tu hijo con el contacto visual, la sonrisa es otro tema que hay que practicar. Si a tu hijo no le gusta sonreír o no lo hace a menudo, pregúntale: «¿Por qué no te gusta sonreír?» y «¿Cómo te sientes cuando alguien te sonríe?». Apuesto a que le encanta cuando alguien le sonríe, así que anímalo a que lo haga con más frecuencia.

Una sonrisa nos sugiere que caemos bien a la persona con la que estamos, y es una forma de dar una primera impresión estupenda. Si tu hijo sonríe mientras hablan los demás, demuestra que está interesado en lo que dicen y que disfruta de la conversación. Le resultará útil tanto cuando haga una presentación delante de la clase como cuando esté charlando con sus amigos.

Al comienzo de este capítulo te sugerí que pensaras en las áreas en las que tu hijo siente una falta de confianza. Puede que algunas de las situaciones que se te han ocurrido sean las que le resultan más difíciles y las que rehúye. ¿Sabes por qué las rehúye? Pregúntale. Es posible que sea porque no sabe qué decir o porque teme hacer algo y que los demás se rían de él.

> Por ejemplo, Adam prefería no contestar a una pregunta en clase antes que intentarlo y posiblemente acertar. Le pregunté de qué tenía miedo y me dijo que no quería equivocarse. «¿Cómo te sentirías si te equivocaras? ¿Qué significaría eso para ti?». «Me sentiría triste y avergonzado». «Pero ¿qué ocurriría si acertaras con la respuesta?». «Me sentiría genial». «¿Cómo te sentirías entonces y cuál sería la reacción de la clase y de la profesora?». «La profesora y los compañeros se alegrarían por mí». «¿Qué harás la próxima vez?». «Contestaré la pregunta».
>
> Para Adam era una cuestión de autoconfianza y de decir: «Lo voy a intentar: es posible que la respuesta sea correcta». Lo único que necesitaba era pensar racionalmente en las posibilidades de acertar con la respuesta y hacer frente a sus creen-

cias y a sus pensamientos negativos. Después de unas semanas intentándolo y tras acertar unas cuantas respuestas se dio cuenta de que en realidad a nadie le importaba ni decía nada cuando se equivocaba.

Este caso es sólo un ejemplo de las muchas situaciones en las que tu hijo puede sentirse incómodo. A continuación encontrarás varias ideas y soluciones posibles para reforzar su confianza en esas situaciones.

Superar situaciones difíciles

Entrar en una sala llena de desconocidos

Si a tu hijo le cuesta entrar en un espacio donde no conoce a la mayoría de los presentes, haz que mire alrededor y encuentre a alguien que conozca mínimamente o que le resulte interesante. Pregúntale qué diría a las personas que conoce y cómo empezaría una conversación con un desconocido. Una posibilidad es decir un cumplido a la persona que no conoce, preguntarle su nombre o qué le gusta hacer. Podríais turnaros y practicar este tipo de conversaciones para romper el hielo en casa.

Hablar en público o actuar delante de otras personas

Ponerse en pie y hablar o actuar delante de gente a la que uno no conoce puede ser desesperante. Hasta para un adulto puede resultar extremadamente difícil. Si quieres ayudar a tu hijo a superar estas situaciones anímalo a practicar por su cuenta delante de un espejo y que luego hable o actúe delante de ti o de la familia. Pregúntale: «¿Qué te haría más fácil hablar o actuar?». Puede que lo ayude hacerlo fijando la mirada en la pared del fondo de la habitación, en un objeto, o quizá prefiera mirar a una persona en concreto.

Trabajé con un niño de 8 años llamado Joshua, que se sentía inseguro cuando le tocaba leer delante de la clase. Le preocupaba cometer un error y que todos se rieran de él. ¿Qué podíamos hacer para que sintiera más confianza? Podía:

- Practicar delante de mamá: 9/10
- Practicar delante de papá: 3/10
- Leer en alto en su habitación: 7/10
- Mirar a una persona de la clase en la que confía y dirigir casi toda la lectura a él/ella: 8/10
- El mismo día recordarse que no importa si una palabra sale mal, que todo el mundo se equivoca: 5/10

Barajamos cada opción y las valoramos del 1 al 10. Joshua decidió que practicaría delante de su madre, ya que ella tenía más paciencia y no le importaría escuchar el mismo texto varias veces. Después de nuestra sesión Joshua le preguntaría a su madre cuándo tenía tiempo para practicar la lectura y si podían hacerlo de forma regular como parte de los ratos que pasaban juntos. Llegado el día, se concentraría en Ali, porque sabía que Ali no se reiría de él. Cuando nos volvimos a ver, Joshua me dijo que había logrado leer y que hasta lo había disfrutado.

En este punto creo muy importante recalcar que cuando tu hijo se muestra preocupado por lo que va a decir y piensa que todos se darán cuenta si se equivoca, puedes recordarle que el único que sabe lo que «debería» decir es él y que, a menos que se lo diga a los demás, nadie notará que se ha equivocado u olvidado de algo.

> ¿Crees que tu hijo tiene facilidad para hablar o actuar delante de gente? ¿Qué planteamiento crees que le podría ayudar?

Tener confianza en el trabajo en equipo

Los equipos reúnen a niños y habilidades que se complementan. Formar parte de un equipo es algo bueno, pero algunos niños no se sienten seguros en esa tesitura porque creen que defraudarán al resto de sus integrantes. Para reforzar la confianza de tu hijo en esta situación hay que cuestionar esos pensamientos negativos. ¿Por qué cree que no es lo suficientemente bueno? ¿Cree que lo elegirían el profesor o sus amigos si no pensaran que se le da de maravilla? ¿Por qué no fue el primero en ser elegido para formar una pareja en un proyecto? ¿Por qué decidió el profesor ponerlo en un grupo al azar? Tranquilízalo diciendo que es suficientemente bueno y haz que comprenda que lo más que puede hacer es dar lo mejor de sí. Si no logra el resultado que quiere, tiene que entender que estaba trabajando en equipo y que por ello la culpa no es solamente suya. En algunos casos en los que el profesor elige los equipos lo hace siguiendo criterios de conveniencia y probablemente sin ninguna estrategia detrás de la elección.

Tener confianza al decir lo que piensa
y en los conflictos

No siempre estamos de acuerdo con lo que dicen los demás. Si tu hijo discrepa con la opinión de otra persona, tiene dos opciones: callarse y no dar su opinión, o compartirla y decir a la otra persona lo que piensa, aunque eso suponga que no estén de acuerdo. Para algunos niños la opción más evidente es mostrarse de acuerdo para no disgustar a la persona. Ahora bien, no decir nada en absoluto significa estar de acuerdo de base y posiblemente comprometerse. Si tu hijo quiere hablar y verbalizar su opinión, pregúntale por qué no lo hace ya. ¿Qué lo detiene? ¿Le preocupa que nadie más esté de acuerdo con lo que dice? ¿Qué es lo peor que puede pasar?

Debemos ayudar a los niños a comprender que las opiniones no son más que eso, pensamientos de personas diversas, y que las distintas experiencias nos dan perspectivas diferentes de la vida. Mantener una discusión y aportar los pensamientos de uno puede ser interesante. Compartes tu manera de ver las cosas y probablemente aprendas algo más de los otros.

Ser asertivo

Puedes ayudar a tu hijo a ser más asertivo practicando éstas y otras situaciones en las que le cueste decir lo que piensa. Por ejemplo, ¿qué puede hacer cuando sus amigos están jugando al fútbol y lo ponen de portero aunque no quiera? ¿Qué puede decir a sus amigos para que lo pongan de centrocampista y no en la portería? Quizá sirva decir: «Me encanta jugar al fútbol, pero no me gusta ser portero. ¿Quién quiere cambiarse conmigo?».

O cuando alguien le dice algo que no le gusta, podría contestar: «No me gusta que me llames así... Me llamo...». ¿Puede imaginarse diciéndolo? ¿Cómo se sentiría? En todos los ejemplos mencionados en los que los niños quieren tener más confianza la visualización es muy útil.

La confianza también reside en demostrar a los demás lo que sientes y no tener miedo de hacerlo. Mostrar los sentimientos de uno a los demás no es una debilidad. Hacen falta agallas. Y también hacen falta agallas y confianza para decir «no» a tus iguales. Es posible que le cueste decir «no» porque quiera caer bien a los demás, y esté dispuesto a ceder su turno en la Playstation, saltarse comidas o ir a ver una película que no le interesa para ello. Pero al decir «sí» sin pensar en sus necesidades tu hijo no recibe lo que quiere y eso puede derivar en frustraciones y ansiedad.

Habla con tu hijo sobre decir «no». No debe tener miedo a usar esa palabra. Un «no» no significa defraudar a los demás ni tampoco tiene por qué hacer daño a nadie. Además, hay muchas maneras de decir «no»; por ejemplo: «Lo siento, no puedo jugar contigo ahora. Por qué no vas con X, creo que está jugando a algo muy divertido». Ofrecer una alternativa es una buena opción.

Tener la confianza de ser asertivo enseña a tu hijo a cuidar de sí mismo, de sus necesidades y su felicidad. Está bien que ayude a sus amigos, pero si siente que está accediendo a hacer demasiadas cosas por los demás debemos ayudarlo a hacerse valer.

Utilizar imágenes para crear confianza

El intercambio de papeles y la visualización son dos métodos fantásticos. El primero permite al niño alejarse de una tesitura que le resulta difícil metiéndose en la piel de otra persona y representando esa situación. Además, es divertido y desarrolla la creatividad del niño. La visualización también es bastante eficaz, pues el niño imagina cómo cambia una situación para mejor, su mente percibe esa agradable sensación y se queda disfrutando de la sensación de cambiar y hacerse responsable de sus acciones.

Los juegos de roles y la visualización son muy buenas maneras de practicar lo que tu hijo va a hacer y decir en determinadas situaciones.

La herramienta que hay que utilizar

Herramienta de confianza:

1. Pide a tu hijo que se ponga recto, echando los hombros hacia atrás y mirándote.
2. Pídele que piense en algo que le cueste decir a un amigo, a un grupo de compañeros, etcétera.
3. Dale un par de minutos para que piense qué es y cómo lo va a decir.
4. Pídele que se imagine que es un superhéroe con poderes y que tiene que entregarte un mensaje con precisión, claridad y confianza.
5. Pídele que te mire a los ojos.
6. Dile que respire hondo para sentir lo invencible que es y que te transmita sus pensamientos, sus sentimientos y sus necesidades.
7. ¿Cómo se ha sentido?

Después de jugar varias veces con roles tu hijo será capaz de practicar lo que diría y haría, y tendrá más confianza a la hora de llevarlo a cabo en la realidad.

Claire tenía 8 años y le costaba hacer frente a su hermana mayor cuando ésta entraba en el cuarto de la tele y se ponía a cambiar de canal cuando ella ya estaba viendo un programa. Se había acostumbrado a dejar que lo hiciera, y no veía sentido en montar una escena, porque pensaba que su hermana la aplastaría o le diría alguna crueldad, y no quería que eso ocurriera. Así pues le dejaba cambiar de canal a pesar de estar enfadada y disgustada. Yo me metí en el papel de Claire y ella adoptó el de su hermana e hicimos un ejercicio de visualización. Le pedí que imaginara cómo se sentía su hermana teniendo el poder de cambiar de canal sin que nadie se opusiera. Luego le pedí que se imaginara a sí misma diciéndole a su hermana: «Pues mira, estoy viendo la tele», y pidiéndole que esperara hasta que hubiera terminado. ¿Cómo creía que podía reaccionar su hermana? ¿Qué haría si su respuesta fuera simplemente «Vale»? ¿Y si se enfrentara a ella? Dijo que le gustaba la sensación de haberse defendido, aunque matizaría un poco lo que le diría en la realidad. Hablamos de lo que creía que haría que su hermana reaccionara mejor y lo puso en práctica a la siguiente ocasión que se dio.

Cuando volví a ver a Claire en una sesión me dijo que la situación con la televisión había mejorado mucho. Cuando su hermana fue a cambiar de canal, Claire le explicó que estaba viendo un programa y que cuando terminara podía coger el mando. Claire también le sugirió que fuera a ver la televisión en otra de las habitaciones de la casa. Su hermana se quedó perpleja al verla defenderse y un día de esa semana hasta se sentó a ver el programa que veía Claire.

Cuando los niños visualizan lo que podrían tener en lugar de conformarse con el mal menor, se sienten lo suficientemente fuertes como para hacer algo al respecto.

El punto con el que quiero poner fin a este capítulo es el siguiente: los niños aprenden de nosotros. Si mostramos confianza en lo que hacemos, nuestros hijos verán e imitarán nuestra confianza ante otras personas y situaciones «difíciles».

¿Qué vas a hacer para que tu hijo tenga más confianza?

Lo que vas a necesitar

La falta de confianza puede venir de cualquier parte.

Acepta a tus hijos tal y como son.

Comparte reflexiones positivas con ellos.

Deja que tus hijos prueben cosas nuevas.

Dales la confianza necesaria para que se defiendan por sí mismos.

Utiliza la imaginación y la visualización para aumentar su confianza.

3

Cómo motivar a tu hijo para que coopere

«El trabajo en equipo divide el trabajo
y multiplica el éxito».

Autor desconocido

Muchos niños que conozco creen que no cooperamos lo suficiente con ellos. Esencialmente se debe a que no hacemos las cosas en el momento en el que nos lo piden (y lo primero que me viene a la mente es: «¿De qué murió tu último esclavo?»). La mayoría de niños quiere que los escuchemos y satisfagamos todas sus necesidades o esperan que les respondamos inmedia-tamente después de plantear la pregunta. Nosotros intentamos cooperar todo lo posible con ellos, pero a veces lo que piden no es razonable ni realista. Como padre, sabes lo que es razonable y lo que no, así que es importante que no te dejes mangonear cediendo a cada una de sus exigencias.

Ahora bien, ellos tampoco se dan cuenta de que cuando les pedimos que cooperen con nosotros lo hacemos porque nos beneficia a ambas partes (por ejemplo, al poner la mesa). Casi siempre se niegan porque supone dejar de hacer otra cosa, pero si com-prendieran que al ayudar a poner la mesa la cena acabaría antes lo harían. Sin embargo, este capítulo no trata de cómo hacer que cooperen con nosotros, sino de cooperar con ellos. Podemos hacerlo permi-tiéndoles que vuelvan a lo que estaban haciendo una vez han puesto la mesa. Sé por experiencia que éste es un verdadero problema para algunos niños. Están encantados jugando hasta que sus padres les dicen: «¿Puedes venir a ayudarme a...?». Y no quieren. Since-ramente, si yo estoy viendo la televisión, ¿por qué iba a apetecerme levantarme a la mitad de un programa y perderme el resto? Trata de ser razonable. Si tu hijo está haciendo algo y dice: «Pero es que quiero termi-nar...», quizá podrías decirle: «Pues cuando llegues a un momento bueno para parar, dale a la pausa y po-drás ponerlo otra vez luego» o avísale de que vaya terminando: «Cuando termine el programa, apaga la tele, por favor». A mí tampoco me gusta que nadie me exija nada: quiero que tengan en cuenta mis necesidades y luego cooperar con ellos, incluso si para eso es necesario que negociemos un poco. Los niños quieren lo mismo de ti.

Cooperar con tus hijos

Los niños creen que no cooperamos con ellos por distintas razones:

- Porque nos piden que hagamos algo y no estamos escuchando o no hemos oído su petición. En ese caso, ¿cómo conseguir que acepten que no la hemos oído?

  Podemos pedirles que vengan a hablar con nosotros si estamos en habitaciones distintas. Gritar de una habitación a otra no nos da ganas de cooperar. Preguntadles: «¿Gritarías a tu profesor desde el otro lado de la clase?». «No». «Bueno, pues las mismas reglas se aplican en casa». Si tu hijo grita de una habitación a otra, ignóralo hasta que venga a buscarte.

  También cooperaríamos más con nuestros hijos si nos hablaran con un tono menos exigente. Mis hijos saben que no captarán mi atención si dicen: «Quiero» o si se olvidan de decir: «Por favor». Insísteles en que digan: «Por favor, ¿puedo...?» y cada vez que digan: «Quiero...» responde: «Lo siento, pero ésa no es manera de pedir las cosas». Lo mismo se aplica a «por favor». Puedes utilizar el humor para lograr un «por favor y un gracias»; por ejemplo, diciendo algo así como: «No he oído el final de esa pregunta. ¿Se te ha caído el final, o qué?».

- Porque les pedimos que esperen hasta que terminemos de hacer algo antes de prestarles atención.

- Intentamos disuadirlos o hacerles cambiar de idea acerca de una cosa porque no nos viene bien. No vamos a subir puntos extra con ellos por hacer esto. Por ejemplo, si tu hijo te pide ir al parque después del colegio y dices: «Sí, lo haremos», pero luego los recogemos después de clase y nos preguntan: «¿Vamos al parque?» y contestamos: «No, nos vamos a casa». ¿Es justo? Sí, si surge alguna emergencia y tenemos que cambiar de planes, y le explicamos el porqué. Pero si decimos que vamos a hacer algo y luego decidimos simplemente que no queremos hacerlo, ¿es justo no cumplir con nuestra palabra?

- He aquí otro ejemplo. ¿Cuántas veces has ido a la juguetería con tu hijo para gastar el dinero de su cumpleaños y una vez allí le has insistido en que no compre lo que más le apetece porque no te gusta ese juguete o juego, porque va a desordenar mucho, o porque no es lo que esperabas que comprara? Recuerda que es su dinero y tiene derecho a elegir cómo lo gasta. Colabora con tu hijo, dale el dinero y deja que disfrute de su nuevo juguete. Evidentemente, hay excepciones para cualquier regla: si tu hijo quiere comprar algo que no corresponde a su edad, que es peligroso o que no encaja con vuestros valores, no dejes que lo compre. Negocia y convéncelo de que compre otra cosa, y explícale los motivos de tu negativa. Para un niño, no es suficiente decir «no». Necesita saber por qué.

La herramienta que hay que utilizar

Herramienta para escuchar y cooperar:

1. Tu hijo te pide que hagas algo para él o te pide ayuda.
2. Explícale que estás ocupado y dile en qué.
3. Dile que quieres dedicarle toda tu atención y escucharlo sin interrupciones para atender a lo que dice.
4. Dile: «Podré escucharte cuando termine de hacer X; guarda esa idea y en cuanto pueda tendrás toda mi atención».

Yo utilizo mucho esa expresión, «guarda esa idea», pero también podrías decir: «Lo siento, pero

> estoy haciendo otra cosa. Cuenta hasta sesenta y estaré contigo». Por ejemplo, si quiere que juegues a algo con él y no puedes en ese momento, dile cuándo podrás.

> Piensa en una cosa que podrías mejorar para que tu hijo sienta que estás cooperando más con él/ella.

La importancia de las reglas y los límites

Participar en la creación de las reglas

Como padres creamos las reglas. Reglas para la hora de acostarse de los niños, su hora de comer, de jugar, etcétera. Decidimos estas reglas basándonos en nuestros propios valores y en lo que creemos que más les conviene. Pero ¿alguna vez te has preguntado si a tu hijo le gustan las reglas que has creado o si las considera justas? ¿Sabe cuáles son las reglas y por qué están ahí? Por experiencia sé que muchos niños no comprenden la lógica que subyace en las reglas y creo realmente importante explicarles por qué están ahí. Si no entienden para qué sirven las reglas, es menos probable que las cumplan.

Las reglas están para proteger a nuestros hijos, para darles una cierta estructura, orden y seguridad. Todo niño lo necesita, pues sin reglas no sabrá qué puede y qué no puede hacer. En nuestra casa tenemos una regla que dice que hay que vestirse antes de bajar a jugar, a ver la televisión, a desayunar, etcétera. Creamos esta regla por dos motivos:

- Para que se pueda ordenar el piso de arriba mientras están ocupados abajo.
- Porque una vez que empiezan a jugar o a ver la tele sería más complicado hacerlos vestirse. La regla los incentiva a vestirse primero. ¡En esto cooperamos todos!

En varias ocasiones he animado a mis hijos a crear reglas para sí mismos, y recomiendo que lo intentes, porque puede funcionar. Yo les pregunté qué reglas creían que debía haber para la hora de acostarse, y propusieron tres que me parecieron útiles:

- Ordenar los juegos y los libros en el salón antes de subir.
- Lavarse los dientes después del baño o la ducha.
- Meter la ropa sucia en el cesto de lavar.

Pueden participar en las reglas relativas a su paga, su habitación, sus juguetes, sus días de juego, la hora de acostarse, etcétera. Ahora bien, recomiendo no crear demasiadas reglas para que los niños no las olviden. Si tu hijo aún no sabe leer, dibújaselas y, si ya lee, escríbelas y ponlas en un corcho o sobre la puerta de la nevera.

También puedes crear reglas que afecten a todos en casa e imponer las consecuencias por romper cada una de ellas. A los niños les encantará que tú también tengas que seguir las reglas. Una idea es redactar un contrato con una lista de las reglas que debe seguir toda la familia, y si alguien las rompe —y eso te incluye a ti— tendrá que atenerse a las consecuencias. Por ejemplo, si hablas con la boca llena, tienes que quitar la mesa después de comer.

Disciplina

Disciplinamos basándonos en lo que hicieron nuestros padres o siguiendo los métodos que conocemos o sobre los cuales hemos leído. Es posible que hayas decidido imponer una disciplina completamente distinta a la de tus padres. Sea como sea, habrás decidido en qué consiste y cómo vas a administrarla. Es muy tentador disciplinar a todos tus hijos por igual, independientemente de la edad y la personalidad que tengan. Un castigo para todos es mucho más fácil de recordar. Sin embargo, cada niño es distinto y por ello tenemos que administrar la disciplina dependiendo de cómo responde cada uno.

Hace poco trabajé con un niño de 6 años que decía que estar castigado en su habitación no funcionaba, porque le gustaba entretenerse con sus juguetes y no le costaba nada salir de la habitación si quería escapar. Nos pusimos a analizar qué métodos podían irle mejor. Le gustó que le pidiera su opinión y dijo que preferiría que mamá y papá no le compraran una revista esa semana o no le dejaran ver la tele durante el resto del día. Preguntar a un niño qué quiere como condiciones de disciplina puede ser efectivo, pero depende del niño. Este niño de 6 años era especialmente honesto y quería tener una disciplina efectiva para aprender la diferencia entre el bien y el mal. Pero no todos los niños son así.

La disciplina tiene que funcionar; de lo contrario, el niño nunca aprende a comportarse como te gustaría que lo hiciera. La disciplina debería reforzar los límites que los niños tienen que conocer sin necesidad de imponer castigos. Administrada de forma cariñosa y considerada, la disciplina anima a los niños a comportarse bien. Sin embargo, ven el castigo como algo negativo, pues les quitas algo que valoran. Un castigo suele provocar reacciones más fuertes que la disciplina, como pataletas, gritos o lloros.

Introduzco el tema de la disciplina y el castigo en este momento porque tu hijo puede aportar su opinión. Los niños saben a qué responden y, aunque nunca te lo digan, en realidad les gusta y aceptan las reglas y los límites que les impones. Saben que no les gusta que los castiguen o no les dejen jugar con la Playstation durante una semana. He visto a niños que dicen que el castigo no funciona porque no les importa que les quiten algo. Y han llegado a verbalizar que preferirían un castigo que les «hiciera daño».

Si preguntaras a tu hijo qué castigo le gustaría, ¿qué diría?

Para algunos niños los castigos no funcionan, pero los premios, sí. Sólo tú conoces a tu hijo y sabes a qué responde mejor. Si tu hijo prefiere que se le premie, y estoy seguro de que es así en la mayoría de los casos, no veo mal alguno en preguntarle cómo le gustaría que lo motivaras. ¿Quieren cromos, pasar más tiempo juntos, una revista, quedarse hasta tarde por la noche o ver su programa de televisión favorito ese día? Diga lo que diga, dentro de lo razonable, concédeselo. Muchos niños me han dicho: «¿Por qué no hace mamá esto en lugar de lo otro?». Y las sugerencias que hacen no me parecen exageradas. Generalmente se trata de que su madre o su padre los trate de una manera concreta. Si te resulta difícil motivar a tu hijo, discute con él cómo le gustaría que lo estimularas para que se comporte de la forma que quieres.

La disciplina y los castigos crean límites. Sin estos límites no hay consecuencias, y los niños tienen que aprender a ceñirse a las reglas porque están por todas partes —no sólo durante la infancia, sino cuando entramos en el ambiente de trabajo—. Los límites son los cimientos para criar a un niño bien educado y seguro que sepa diferenciar un comportamiento aceptable del que no lo es.

Lenguaje de «cooperación» efectivo

Varios niños han entrado en mi consulta y me han dicho: «Mi madre no me escucha. Me gustaría que escuchara lo que tengo que decir y que se pregunte por qué no quiero hacer algo. Porque no me escucha y tengo que gritar para que me oiga».

Cuando quieren llamar la atención de sus padres, los niños empiezan utilizando un tono normal para pedir lo que quieren y, si creen que no los escuchan, cambian a un tono más alto y agresivo. Ahora bien, algunos niños no piden a sus padres que cooperen más con ellos, sino que directamente gritan lo que necesitan o se comportan de manera hostil para llamar su atención. Recuerdo que hace años trabajé con una niña que decía que su madre no la escuchaba. Ella daba portazos y gritaba para que su madre cooperara con ella y la escuchara. Los gritos y los portazos son irrespetuosos. Si enseñas a tu hijo a hablarte de manera sensible tratará a los demás con respeto.

Enseña a tu hijo a comunicarse con eficacia

Enseñar a cooperar es una inversión a largo plazo. Cuando tus hijos son pequeños es más fácil que escuchen y cooperen contigo puesto que eres su padre o su madre. Una vez que alcanzan la adolescencia tienden a desafiar tu autoridad y no quieren cumplir con lo que les pides que hagan. No obstante, si abusamos de la baza de la jerarquía —«¡Haz esto porque soy tu madre/padre!»—, es posible que más adelante no sean capaces de hacerse valer y esperen que alguien les diga lo que tienen que hacer constantemente. Pueden perder la capacidad de defenderse por sí mismos o alimentar un sentimiento de rencor hacia los adultos por darles órdenes.

Si enseñas a tu hijo a comunicarse de manera eficaz y le dedicas tu tiempo —aunque sé que a veces es más fácil de decir que de hacer— podrás empezar a escuchar sus necesidades y sus deseos y demostrarle que estás dispuesto a cooperar de manera civilizada y metódica. Como dije en un capítulo anterior, para arraigar en él una comunicación efectiva es necesario que dediques tiempo a tu hijo para escucharlo y mostrarle que te interesa lo que dice.

Si necesita tu ayuda en algo, también es posible negociar. Por ejemplo, cuando mi hijo me pide que lo ayude a atarse los cordones de los zapatos, le digo: «Sí», a condición de que se quede en la puerta para que podamos irnos. Él cree que si le ato los cordones puede volver a jugar, pero lo que yo quiero es que me espere en la puerta de entrada, y ahí entra la negociación: «Te ataré los cordones si me esperas junto a la puerta cuando termine». La instrucción queda bien clara y no hay razón para que no coopere.

Podéis facilitaros bastante la vida, padres. Los niños suelen responder bastante bien a la negociación, así que probad con una dosis.

La herramienta que hay que utilizar

Herramienta para pedir:

Los niños no cooperan bien cuando sus padres los mangonean o les meten prisa. Si das órdenes constantemente a tu hijo, se mantendrá en sus trece y tardará más en hacer lo que le pides, o directamente no lo hará. Y también se quejará de tus «órdenes».

1. Antes empezar a pedir a tu hijo que haga algo piensa en lo que vas a decir.
2. ¿Cómo lo vas a decir?
3. Piensa en cómo responderá a la forma en la que se lo vas a pedir. Y pregúntate si a ti te gustaría que te pidieran algo así.
4. Esa forma de pedírselo ¿lo pondrá de mal humor o lo dispondrá a complacerte?

Pídeselo, no le des órdenes

Si se lo pedimos, cooperarán; si se lo exigimos, se enfrentarán a nosotros. Por ejemplo, imagina que quieres que tus hijos ordenen el salón al final del día. En lugar de mandarles que lo hagan —«Chicos, ordenad el salón»—, podrías decir: «Chicos, ¿podríais ordenar el salón para que subamos y empecemos a prepararnos para ir a la cama/leer un cuento/hacer algo juntos?». Una de las formas de motivar a tus hijos para que ordenen es utilizar el leal cronómetro y desafiarlos a que ordenen en un determinado tiempo o hacerlo entre todos, cada uno responsabilizándoos de colocar ciertas cosas. Esto hace que la tarea sea justa y demuestra a tus hijos que a ti también te gusta participar y ayudar a ordenar. También recibirán el mensaje de que forman parte de un equipo que trabaja por un objetivo común.

A los niños les gusta que se los respete y cooperan más cuanto más valorados se sienten, así que primero pregúntales qué les gustaría ordenar en el salón y cuántos minutos creen que deberíais marcar en el cronómetro.

¿Qué motiva a tu hijo para ser cooperativo?

Aparte de los sobornos y los premios, ¿hay alguna otra forma de que los niños cooperen contigo? Sí, la hay. Puedes negociar, como dije antes, puedes valerte del humor o jugar a algo para que hagan lo que quieres. Por ejemplo, de camino al colegio por la mañana mis hijos y yo jugamos a un pasatiempo. Al llegar al colegio nos bajamos del coche y caminamos colina abajo hacia la entrada intentando no pisar las grietas. Por pisar una grieta se pierde una vida, y cada uno sólo tiene tres vidas. Cada día pierdo la mayoría de mis vidas y sé que mis hijos también, pero ¿qué más da? El juego nos lleva a nuestro destino y además es divertido y alegre.

Los niños están instintivamente predispuestos a una motivación a base de premios y se mostrarán más cooperativos cuando los utilices. Premiar a los niños es una manera estupenda de enseñarles que tienen que estar preparados para trabajar por lo que quieren al tiempo que logramos que se comporten como queremos.

¿Qué motiva a tu hijo a cooperar?

Expresar tu agradecimiento

Prestar atención y expresarle tu agradecimiento, no sólo por acceder a nuestra petición sino por hacerlo de manera cooperativa, lo hará sentirse satisfecho consigo mismo. Lo estimulará para seguir comportándose cooperativamente pues recordará lo bien que se siente siendo un elemento positivo de su hogar y de su familia. «Ha sido alucinante cómo lo has hecho. Tu ayuda me ha facilitado mucho las cosas y hemos ahorrado tiempo, así que gracias».

Los niños quieren sentir que pertenecen a algo. Cuando eligen actuar de una determinada manera que contribuye al bienestar del ambiente familiar, se llenan de satisfacción y se enorgullecen de aportar algo positivo.

Lo que vas a necesitar

Cooperar no significa rendirte ante tu hijo.

Siempre hay formas de lograr que tu hijo haga lo que quieres.

Los niños pueden contribuir a las reglas y los límites.

La disciplina refuerza los límites.

Utiliza el lenguaje adecuado para hacer que tu hijo coopere contigo.

Descubre qué es lo que motiva a tu hijo.

4

Cómo ayudar a tu hijo a manejar sus emociones

«Cuando trates con gente, recuerda que no estás
tratando con criaturas lógicas, sino con criaturas
emocionales, criaturas que desbordan prejuicios
y movidas por el orgullo y la vanidad».

Dale Carnegie

A los niños les cuesta entender sus sentimientos. Una de
las razones por las cuales no los comprenden es porque
tienen muchos y algunos se parecen bastante entre sí
y son fáciles de confundir. Cuántos niños me habrán dicho

en la consulta que se sentían tristes cuando lo que querían decir es que estaban disgustados, o que estaban enfadados cuando lo que sentían era frustración.

Además, los niños pueden pasar de estar exultantes de alegría a sentirse muy disgustados en apenas unos minutos, o al revés, y pueden aferrarse a los sentimientos durante mucho tiempo. Lo sabemos porque cuando un niño se enfada se puede enconar en ese estado mucho tiempo y cuando se lo pasa bien su dicha dura un rato.

Cómo enseñar a tus hijos a reconocer sus sentimientos

Es importante que los niños reconozcan sus sentimientos para que los verbalicen correctamente y los manejen de manera adecuada. Cuando un niño está enfadado, debe reconocer la ira, bien para ponerle fin antes de que crezca o para ser capaz de controlarla antes de hacer algo de lo que se pueda arrepentir. La ira es un sentimiento válido, tan sólo tiene que ser expresado adecuadamente para que nadie salga mal parado.

Cuando los niños están felices no hay nada, o prácticamente nada, de lo que preocuparse. Se sienten dichosos y no hay consecuencias más allá de que molesten a quienes los rodean y no quieran compartir su entusiasmo.

Otro aspecto importante en relación con los sentimientos es enseñar a nuestros hijos a interpretar lo que sienten otras personas y reaccionar de manera adecuada. Tienen que aprender a ser compasivos y empáticos cuando ven a otro niño disgustado. Y si ven a un niño enfadado, que sepan que a veces es mejor mantener cierta distancia hasta que se le pase.

Queremos que nuestro hijo sea capaz de reconocer sus sentimientos en lugar de reprimirlos. Detrás de sus sentimientos hay muchos pensamientos y creencias, y si queremos o necesitamos lidiar con estos últimos tenemos que saber cómo se sienten. Por ejemplo, un niño puede tener miedo a la oscuridad porque cree que en la oscuridad pasan cosas malas, o le puede preocupar que su madre salga por la noche por temor a que no vuelva nunca más. Para desechar ese sentimiento puedes hablar con él sobre lo que siente y qué pensamiento cree que puede causar esa sensación.

La herramienta que hay que utilizar

Herramienta para los sentimientos:

Habla con tu hijo sobre cómo se siente y cuestiona las creencias que provocan esos sentimientos. Tanto niños como adultos albergamos creencias irracionales acerca de nosotros mismos y el mundo que nos rodea. Si los cuestionamos podemos intentar cambiar esos sentimientos y erradicar las creencias que provocan.

Le preguntas: «¿Cómo te sientes?».

Responde: «Preocupado».

Tú: «¿Qué es lo que te preocupa?».

Tu hijo: «Cuando llegas tarde a buscarme al cole».

Tú: «¿Qué significa que llegue tarde?».

Tu hijo: «Que tienes algo mejor que hacer».

En este caso la creencia del niño es que no merece tu puntualidad al ir a buscarlo a la salida del colegio.

¿Qué hacer si tu hijo confunde sus sentimientos?

Si a tu hijo le cuesta reconocer sus sentimientos hay dos ejercicios fáciles que puedes hacer con él. El primero consiste en hablar con él sobre las propias emociones. ¿Qué diría tu hijo para describir lo que siente cuando está feliz, angustiado, triste, dolido o solo? ¿Qué expresión y qué postura tendría al sentir cada una de esas emociones? Al hablar de cómo son los sentimientos tu hijo se familiariza con los cambios emocionales que experimenta. Así, cuando vea a un amigo que parece sentirse solo le podrá preguntar si se encuentra bien o incluso proponerle que se una a un juego.

El segundo ejercicio que puedes hacer con tu hijo consiste en relacionar sus sentimientos con situaciones y personas distintas. Empieza enumerando a las personas más importantes en su vida y las situaciones que vive regularmente, y escríbelas en la parte izquierda de una hoja de papel. Después, en el lado derecho haz una lista de algunos sentimientos con los que los niños se pueden identificar. Una vez que los tengas escritos pide a tu hijo que conecte un sentimiento con cada persona y un sentimiento con cada situación de su vida trazando una línea entre ellos. Puede haber más de un sentimiento asociado a la misma persona o situación. Para algunos niños este ejercicio puede resultar difícil, y es posible que necesiten tu ayuda.

Relacionar distintas situaciones y personas con sentimientos

Mamá	Inteligente	Tranquilo	Genial
Papá	Inseguro	Feliz	Inútil
Hermano/a	Disgustado	Enfadado	Tímido
Profesores	Alborotado	Triste	Emocionante
Sue Lily	Frustrado	Celoso	Preocupado
Jane	Nervioso	Asustado	Aburrido
Colegio	Angustiado	Relajado	Infeliz
Casa	Molesto	Solo	Maravilloso
Clase de karate		Temeroso	
Recreo			

Con este ejercicio puedes hacer que tu hijo piense y diferencie qué sentimiento asocia con qué y con quién. También es un punto de partida fantástico para que habléis de lo que siente cuando está con sus amigos, con la familia y fuera del entorno de casa. Aquí puede empezar vuestra «charla» de coaching.

¿Cómo hacer que tu hijo se abra más en sus sentimientos?

Reconocer los sentimientos buenos

Asher tenía 8 años y nunca mostraba sus sentimientos a sus amigos ni a sus familiares. Sus padres querían que trabajara con él para que se expresara verbalmente, pero también para enseñarle a mostrar cómo se sentía a través de sus expresiones faciales. Cuando lo conocí vi de inmediato que no era uno de esos niños que se pone nervioso con facilidad y se exalta cada vez que ocurre algo especial. También me di cuenta de que cuando reconocía un sentimiento bueno lo hacía sutilmente y sin apenas alterar su expresión. Hablamos sobre los sentimientos y le expliqué que mostrar a alguien que estamos contentos e ilusionados es importante para la otra persona, pues la hace sentirse valorada y le dice que quieres compartir tu alegría con ella. Compartir los sentimientos es importante en la amistad ya que ayuda a construir la confianza. Si no somos capaces de demostrar nuestras emociones a los amigos les estamos diciendo que no queremos confiarles nuestros sentimientos. Asher y yo estuvimos bastante tiempo hablando de sentimientos y de gestos —de que cada expresión del rostro venía provocada por una emoción—. ¡Y creo que fue una de las mejores sesiones que he tenido nunca! Después de nuestro encuentro Asher estuvo practicando sus expresiones. Cuando hablé con su madre a mitad de semana me dijo que se estaba esforzando mucho en mostrar cómo se sentía a través del rostro y que poco a poco estaba empezando a hablar de sus sentimientos cuando le preguntaba sobre el colegio.

Tenemos que enseñar a nuestros hijos a reconocer los sentimientos buenos para que los compartan con otras personas. Una actitud genera actitud, de modo que si tu hijo está contento los que lo rodean también lo estarán. Y lo mismo ocurrirá si está descontento. En lugar de guardar sentimientos malos o desagradables y que éstos se enquisten dentro de él debería compartirlos. Los sentimientos enconados sólo pueden empeorar. Si se abre para expresar cómo se siente demostrará vulnerabilidad, pero también se quitará un peso de encima. Se dice que un problema compartido es un problema dividido y hasta cierto punto es verdad. A partir del momento en que un niño muestra que está disgustado por algo puede empezar a trabajar para crear una situación que le satisfaga.

Saber que te quieren también es un sentimiento bueno. De vez en cuando me encuentro con un niño que me dice que no se siente querido. Puede deberse a que tenga la autoestima baja. Si tu hijo dice que no se siente querido, intenta hablar de todas las cosas que haces por él y dile que haces cada una de ellas porque lo quieres. Puede estar en algo tan sencillo como preguntarle qué quiere cenar —si lo haces es porque te importa— o comprarle sus galletas favoritas.

Reconocer «otros» sentimientos

No es bueno que los niños se guarden los «otros» sentimientos: algunos de ellos deberían ser compartidos y, en ciertos casos, resueltos.

Por ejemplo, los padres de Tim decían que el chico se sentía muy desgraciado, pero no sabían por qué. Tuvimos una conversación sobre su vida y llegamos a la conclusión de que se sentía así por el colegio. A pesar de sus esfuerzos no conseguía las notas esperadas. Se sentía decepcionado consigo mismo y no veía la manera de mejorar en su trabajo escolar, y ese sentimiento se estaba enconando dentro de Tim porque no lo hablaba con nadie. Cuando por fin se abrió y me contó lo que ocurría se sintió aliviado. Después de analizar lo que podía hacer para dejar de sentirse así fue a hablar con su profesor, y éste le dijo exactamente lo que podía hacer para mejorar el nivel de su trabajo. Tan sólo necesitaba dar un empujón extra a su autoconfianza para hablar con su profesor y en cuanto lo hizo el problema se resolvió solo.

Los «otros» sentimientos en los niños pueden ser muy distintos y como padres nos gustaría ser capaces de guiarlos a través de ellos y llevarlos sanos y salvos hasta la otra orilla. A continuación hablaremos de los sentimientos más comunes con los que los padres sienten que su hijo necesita un poco de ayuda. Uno por uno, buscaremos formas de hablar con ellos acerca de esos sentimientos para hacerlos más positivos.

Manejar la ira

Los niños se enfadan por muchos motivos. Entre las causas habituales están que sus amigos los decepcionan, que los padres no les dejan hacer algo, que un hermano o una hermana los molesta, que se sienten tratados de forma injusta o porque algo no sale bien. También se pueden enfadar cuando hay un conflicto sobre la propiedad de una cosa —uno quiere algo que tiene el otro— o porque alguien le toma el pelo y aunque sabe que le molesta sigue pinchándolo hasta el extremo. Los niños también pueden enfadarse cuando los presionan y los obligan a hacer algo, por la razón que sea, cuando sus iguales los rechazan o cuando les piden que hagan algo que no quieren hacer. No son expertos en manejar la ira y por ello necesitan un poco de ayuda para controlarla y canalizarla.

La ira demuestra pasión y determinación, es una respuesta natural cuando tenemos que defendernos o avisar a los demás de que no estamos dispuestos a que se aprovechen de nosotros. A los niños les cuesta admitir la ira, pero si la ira los acaba dominando pueden hacer daño emocional y físico a la gente de su entorno con palabras y acciones desagradables. A los niños que vienen a verme no les gusta enfadarse esencialmente porque no les resulta agradable el sentimiento de ira ni las consecuencias que puede acarrear su enfado. Saben que si la emprenden a golpes o a patadas o tiran alguna cosa es probable que los castiguen.

Encontrar la causa de la ira

Si tu hijo tiene un problema de ira es importante averiguar qué es lo que le enfada. Lo primero es que sepa que no pasa nada por sentirse así, pero que también debe hacerse responsable de su enfado. Es muy fácil que un niño diga: «Es que hacen que me enfade», porque alguien ha expresado algo con lo que no está de acuerdo. Pero ¿qué es lo que le ha enfadado exactamente y qué puede hacer para evitar enfadarse? Podemos enseñar a nuestros hijos a dominar su respuesta y a elegir entre enfadarse o aceptar lo que la otra persona dice o hace.

Natalie picaba a su hermana Claire diciéndole tonterías hasta que ésta se enfadaba y le gritaba. Entonces Natalie daba un portazo y Claire iba llorando a su madre, y se enfadaba con ella porque no la escuchaba ni la tomaba en serio. A su vez, la madre se enfadaba con Claire y la mandaba a su habitación. ¿Qué podía hacer Claire para cambiar la situación? Según ella, cuando acudía a mamá para decirle que Natalie la había hecho enfadar, en lugar de disgustarse mamá debería sugerir que fuera a calmarse a su habitación. Lo hablé con la madre de Claire y empezó a hacer lo que su hija sugería. Mientras probaban esta nueva estrategia, empecé a trabajar con Claire para que no saltara tan fácilmente cuando Natalie la provocaba, un proceso que tardamos bastante más en poner en marcha.

Cómo ayudar a tu hijo a combatir su ira

Cuando tu hijo siente que no puede cambiar una situación y se enfada, ¿puede detener su ira antes de que se le vaya de las manos? Es decir, ¿es capaz de reconocer lo que le ocurre físicamente? Una vez que reconocen los cambios fisiológicos en su cuerpo, los niños pueden saber qué va a ocurrir de inmediato y tienen la posibilidad de actuar al respecto. ¿Se le cierran los puños o nota que el corazón le late más deprisa? ¿Siente que se va sonrojando? ¿Es capaz de reflexionar y encontrar el motivo, eso que le hace verlo todo rojo? Pregúntale qué ocurre en su cuerpo. Notar esos cambios físicos es el primer paso para combatir la ira.

La siguiente fase consiste en «cambiar de actitud». Con esto quiero decir que tu hijo cambie su actitud ante las cosas que le dicen o hacen y que le irritan para que las deje ir sin darles importancia. Por ejemplo, si alguien le dice algo cruel, puede decirse a sí mismo: «No sé por qué ha dicho eso, pero se equivoca. Ni siquiera merece contestación».

Otra posibilidad es asumir que debe hacer cosas que no le apetecen cuando alguien se lo pide. Por ejemplo, cuando le pides que ponga la mesa, podría pensar:

«No merece la pena que me enfade por hacer esto. Simplemente lo haré sin darle más importancia». Sugiérele que lo va a tener que hacer de todas maneras, y que enfadándose sólo conseguirá tardar más.

Si tu hijo no se siente capaz de adoptar ninguna de las dos actitudes que acabo de describir, quizá debería reconocer la ira y sacarla de un modo seguro y sin hacer daño a nadie, ni verbal ni físicamente.

Una manera de hacerlo es verbalizar sus sentimientos de ira ante la persona con la que se encuentra. Aunque no quiera que esa persona en concreto lo ayude, por el mero hecho de decir: «Ahora mismo estoy enfadado», los dos pueden reconocer lo que uno de ellos siente. A lo mejor prefiere decir: «Estoy muy enfadado y me tengo que ir y soltarlo un poco», «Por favor, no me hables cuando estoy tan enfadado, puede que lo empeore» o «Necesito estar solo porque noto que me estoy enfadando». ¿Es capaz de decir esto a sus amigos o se siente más cómodo diciéndoselo a la familia? Muchos de los niños a los que veo en mi consulta dicen que no les cuesta expresar que están enfadados en casa, pero sí ante sus amigos. Cuando están con amigos prefieren alejarse y soltar la ira solos en otra parte.

Una vez que se distancia y está solo, ¿qué puede hacer? Quizá le ayude hacer algún ejercicio físico o algo relajante para calmarse. En mi opinión lo más fácil es ayudar a tu hijo a tamizar su ira en el colegio y en casa por separado, pues necesitará herramientas distintas para uno y otra.

En el colegio

En su entorno escolar podría:
- Dar patadas a una pelota.
- Buscar un lugar tranquilo.
- Hablar consigo mismo para tranquilizarse, diciendo: «Tranquilízate, no reacciones», o «Respira».
- Contar al revés de 20 a 0.
- Decir la palabra «relájate» una y otra vez.
- Respirar hondo.
- Ir a beber un poco de agua.
- Hablar con un profesor que no esté envuelto en la situación.
- Tratar de ver la gracia a la situación.
- Decirse a sí mismo: «No les voy a dejar que me enfaden, soy buena persona, no va a pasar nada».
- Detenerse y tratar de ver las cosas en perspectiva. Quizá podría preguntarse por qué le provoca la otra persona. Es posible que esté enfadada por otra cosa y lo esté pagando con tu hijo.

Elija la opción que elija, se alejará de la situación. Por ejemplo, una niña que vi y que tenía problemas con la ira decidió que lo mejor que podía hacer para sacar su enfado era entrar en el edificio del colegio y buscar un espacio tranquilo para escribir lo que se le pasaba por la cabeza. Le pregunté si estaba permitido entrar en el edificio durante el recreo y dijo que no habría problema. Cada niño debe hacer lo que más le convenga.

Una de las maneras de sacar la ira que más me gusta es depositarla en una bandeja o en un cajón. Si tu hijo se enfada en el colegio, puede hacer como si pusiera su enfado en su bandeja y dejarla allí para que cuando salga del cole no la lleve encima ni la suelte contigo. Y podrá hablar de la ira siempre y cuando las emociones y los sentimientos se queden sobre la bandeja.

Tuve una clienta, una niña llamada Ella, que probó este método y le funcionó muy bien. Cada vez que le venía «otro» sentimiento, lo metía en un cajón en el colegio y lo dejaba allí para no llevárselo a casa.

En casa

Cuando se trata de soltar la ira, el entorno del hogar es muy distinto, pues ofrece más espacio, más lugares y opciones a los que acudir:

● Si tenéis jardín y no llueve demasiado, tu hijo puede salir a dar patadas al balón, a lanzar un par de canastas o a corretear por el jardín para soltar toda la ira acumulada.

- Gritar para soltar su ira en su cuarto o en el jardín.
- Agitar el cuerpo para que salga la ira.
- Escuchar música.
- Entretenerse con algún juego de ordenador que lo tranquilice o concentrarse en otra cosa (para algunos niños los juegos de ordenador pueden agravar los síntomas de la ira).
- Tumbarse en la cama y pensar. Cuando un niño tiene un problema, quedarse solo en su cuarto con espacio para pensar le da tiempo para reflexionar sobre lo que ha ocurrido, el motivo de su enfado y lo que tiene que hacer para volver a la normalidad.
- Ver un programa de televisión relajado.
- Decir a mamá, papá o a los hermanos que necesita estar solo para tranquilizarse y cuando lo consiga podrá volver para hablar de ello y disculparse si es necesario.
- Crear un cajón o lugar secreto para guardar la ira, como Ella.
- Irse a su cuarto y soltar la ira con la almohada.
- Tocar un instrumento alto para soltar los sentimientos negativos.

Si a tu hijo le gusta escribir, sugiérele que cree un diario para los enfados y vaya escribiendo sus pensamientos, qué le enfada, cómo se enfrenta a ello, si consigue superarlo y qué haría la próxima vez. Puede escribirlo o dibujarlo. El diario puede reflejar creencias y pensamientos que tu hijo alberga; si las comparte contigo, es probable que podáis cambiar algunas de esas creencias.

Para controlar la ira, también pueden hacer otras actividades en casa. El yoga, las artes marciales y la danza son buenos vehículos para canalizar la ira.

¿Cómo ayudas a tu hijo con su ira? ¿Qué otras ideas podrías probar?

Los niños tienen que entender que cuando están enfadados no es culpa de otra persona; ellos son responsables de sus actos y de sus emociones. Alguien les puede enfadar mucho, pero lo que no deben hacer es contraatacar.

Tener miedo

Es habitual que los niños sientan miedo: a la oscuridad, a las nuevas situaciones, a caerse, a los bichos, a las máquinas ruidosas o a los desastres naturales. El miedo es un sentimiento comprensible en un niño que no ha tenido la experiencia ni el conocimiento necesarios para desenvolverse mejor, y a menudo nos necesita para superar ese miedo y hacerlo más racional. También es una respuesta natural en niños que han vivido alguna desgracia como la pérdida de algún ser cercano o un accidente de tráfico. Cuando nuestros hijos nos expresan sus miedos, a menudo no los tomamos en serio, a veces los ignoramos creyendo que con el tiempo pasará o incluso les tomamos el pelo. Cualquiera de estas dos opciones puede agravar el miedo del niño. Necesitan hablar con nosotros. Si nos ponemos las orejeras es posible que nuestro hijo acabe sufriendo ataques de ansiedad o de pánico más adelante. Tenemos que hablar con nuestro hijo sobre lo que su miedo tiene de real y explicarle que es normal asustarse ante cosas o circunstancias nuevas. Comparte con él cómo afrontas tus propios miedos. Quizá podrías mostrarle tu vulnerabilidad y pedirle que te ayude a superar alguno de ellos. Por ejemplo, si tienes miedo a las arañas demuéstrale lo valiente que eres metiendo una araña en la casa.

Cuando se enfrente a situaciones nuevas, dedica cierto tiempo a imbuir seguridad a tu hijo para que vea que estas situaciones pueden ser emocionantes y memorables. Demuéstrale que no tienes miedo y que estás tranquilo ante nuevas situaciones, y si le preocupa lo que ocurre más allá de nuestro control, trata de darle un poco de perspectiva. Mi hijo mayor empezó a tener miedo de los desastres naturales cuando tenía 6 años. Habían hablado de ellos en clase alrededor de las fechas en las que se produjeron el tsunami y los terremotos de Japón y cada vez que llovía mi hijo creía que iba a haber inundaciones. No paraba de preguntarnos sobre terremotos, inundaciones y tsunamis, y nosotros tratamos de contestarle mientras lo tranquilizábamos diciendo que no ocurriría en Reino Unido. Ya ha pasado un año de aquello, pero aún seguimos mitigando su temor.

Con los miedos la lógica no funciona.

Recuerdo que trabajé con una niña llamada Lily que tenía miedo de un agujero en el suelo a la entrada de su casa. Creía que si se caía en el agujero se la tragaría.

Le pregunté: «¿Cómo es de grande?».

Lily: «Como una pelota de tenis».

Yo: «¿Y tú? ¿Crees que cabrías en un agujero de este tamaño?».

Lily: «No».

Yo: «Y si no cabes, ¿te puede tragar el agujero?».

Lily: «No».

Cogí una pelota de tenis, formé un círculo con las manos y le pedí que la metiera en el círculo, Lily vio que era imposible y se dio cuenta de que no debía tener miedo. Cuando le pregunté acerca del agujero en nuestra siguiente sesión, me dijo que ya no le tenía miedo. Había vuelto a mirar al agujero y comprendió lo pequeño que era en realidad.

Preocupaciones exageradas

Nosotros nos preocupamos, y los niños también. ¿Qué hacer cuando se preocupan? Hay que intentar que cambien su manera de pensar. ¿Qué es lo que les preocupa? ¿Qué posibilidades hay de que eso ocurra? ¿Van a conseguir algo preocupándose? ¿Hay otra forma de pensar en ello? ¿Qué es lo peor que puede pasar?

El hijo de una amiga, Henry, tiene tendencia a preocuparse y se altera fácilmente ante nuevas situaciones, como ir a ver una película en 3D o quedarse con la madre de uno de sus amigos a la que nunca ha visto. A mi amiga le ha costado hacer que Henry se abra a situaciones nuevas. Recurrió a mí en busca de ayuda cuando vio que su hijo tendría que acostumbrarse a esas situaciones ya que ella había aceptado un nuevo trabajo y tendría que dejarlo con amigos alguna vez.

Henry y yo tuvimos una sesión, y le hice varias preguntas:

Le pregunté: «¿Por qué no te gusta ir a casa de un amigo después del cole?».

Henry: «Porque prefiero estar en casa».

Yo: «¿Por qué prefieres estar en casa?».

Henry: «Porque me preocupa estar en las de mis amigos».

Yo: «¿Qué es lo que te preocupa?».

Henry: «No tener nada que hacer o que no sea divertido».

Yo: «¿Es posible que pase eso?».

Henry: «Sí».

Yo: «¿Por qué?».

Henry: «A algunos de mis amigos no les gusta hacer las mismas cosas que a mí».

Yo: «Y si acordáis lo que vais a hacer antes de ir a su casa, ¿dejarías de preocuparte?».

Henry: «Creo que sí».

Yo: «¡Vale, pues vamos a intentarlo!».

Henry dijo que si su madre lo llevaba a la casa en cuestión y lo ayudaba a encontrar algo que le divirtiera le sería más fácil y no se preocuparía tanto.

A muchos niños no les gusta quedarse con una canguro ni con otra persona durante un tiempo prolongado. Si es el caso de tu hijo, dile cuándo vas a volver o dale un cronómetro para que cuente los minutos. La idea del cronómetro sólo funciona cuando lo dejas durante unas horas o un periodo no muy prolongado de tiempo. Y trata de cumplir con tu parte del trato; de lo contrario, te encontrarás con un niño muy disgustado a la vuelta.

A muchos niños tampoco les gusta quedarse completamente solos.

Skye tenía 14 años y no le gustaba quedarse sola pero cuando llegaba a casa tenía que estarlo hasta que su madre volviera del trabajo. Esos veinte minutos que pasaba en casa la hacían sentirse triste y sola, sin saber qué hacer. ¿Tenía que volver a casa sola? Sí. ¿Tenía que sentirse así? No. ¿Qué podía hacer para mantenerse ocupada e incluso disfrutar de la soledad? Sugirió que podría servirse un refresco, comer algo y escuchar algo de música mientras esperaba a mamá. Al día siguiente lo intentó, se encontró mucho mejor y los veinte minutos se le pasaron volando.

Si a tu hijo no le gusta quedarse solo, puedes pedir a un amigo que venga a hacerle compañía, o quizá organizarte para que vaya a casa de algún compañero. Si no, habla con tu hijo para intentar sacar el mejor partido al tiempo que pasa solo.

Una vez que empiezan el colegio los niños son más conscientes de la vida alrededor. Aprenden sobre lo que ocurre en el mundo, escuchan cosas en boca de sus amigos y ven las noticias. Sea lo que sea que le preocupe, pídele que lo vaya anotando y luego cuestionadlo juntos. ¿Es muy probable que explote una bomba en su propia ciudad? ¿Qué podríais hacer para tranquilizar esas preocupaciones? Habla con tu hijo sobre vuestra realidad, que comprenda que los bombardeos, los terremotos y los disturbios no son lo habitual.

Frustración

Los niños quieren que las cosas les salgan bien, pero no siempre puede ser así. Quieren que los escuches, y no siempre puede ser así. Quieren que los demás se comporten de una determinada manera, y no siempre lo hacen. Todo esto puede generar frustración. ¿Cómo ayudar a tu hijo cuando se siente frustrado? Puedes decirle que respire hondo y trate de entender que no puede cambiar a los demás y que él sólo es responsable de sí mismo. Si se siente frustrado por algo de su persona, intenta dar con aquello que le provoca esa frustración y hablad de esa actividad o ese reto con el que se enfrenta para que lo afronte de manera más relajada. Por ejemplo, si se siente frustrado cuando hace los deberes, dividirlos en partes pequeñas y haced juntos las partes que más le cuestan.

Si tu hijo se frustra cuando intenta hablar contigo y cree que no lo escuchas, lo primero es tratar de tranquilizarlo, especialmente si la frustración ha llegado a un nivel de un comportamiento agresivo. Adopta el papel de adulto y hazle entender que no vas a atender a exigencias.

La ira, el miedo y la frustración pueden generar mucho estrés en un niño, así que es importante que sepa manejarlo.

Manejar el estrés

El estrés es algo normal para cualquier persona y los adultos sabemos manejarlo de manera saludable, al menos eso es lo esperable. Sin embargo, algunos niños no saben hacerlo y necesitan a alguien que los ayude. Mis hijos expresan el estrés gritando (muy alto) y profiriendo palabras que no tienen demasiado sentido (más o menos igual que con la frustración). Lo primero que hago es tranquilizarlos y pedirles que me hablen de forma respetuosa, clara y lo más serena que puedan, y que escuchen, escuchen y escuchen.

El estrés puede hacer que tu cuerpo reaccione de formas extrañas. Muchos niños dicen que se sienten estresados y no saben qué hacer al respecto. Yo les hablo del ejercicio, la relajación y la alimentación. Mi experiencia anterior en nutrición me ha sido bastante útil en este terreno. El estrés se manifiesta de varias formas y es importante que los niños las reconozcan para que en cuanto tengan cualquiera de estos síntomas

Mi hijo quiere ser astronauta

sepan que necesitan desestresarse: no poder dormir, dolor de cabeza o de estómago, no tener ganas de hablar, ocultar sus sentimientos, enfadarse, estar irascible o malhumorado, morderse las uñas. El estrés se puede manifestar de muchas otras maneras y tú eres quien mejor conoce a tu hijo y el más capacitado para reconocer los síntomas en él.

Ayúdame a desestresarme y a relajarme

Los niños tienen una vida muy ocupada entre el colegio, las actividades extraescolares, los días de juego, las actividades de fin de semana, etcétera. Conviene que sean activos, pero también necesitan tiempo para relajarse, para procesar sus pensamientos y sus sentimientos, para limpiar su mente del ajetreo de la vida diaria y dejar descansar a su cuerpo. Es algo tan importante para su salud mental como la alimentación, el sueño y el ejercicio. ¿Alguna vez has preguntado a tu hijo si cree que hace demasiadas cosas? ¿Estás seguro de que puede con todas las exigencias que conlleva su día a día?

Hace un año más o menos estuve viendo a Jane, una niña que estaba a disgusto con las exigencias que se le imponían. No había expresado este descontento a sus padres porque no quería disgustarles. Le resultaba difícil hacer todo lo que se esperaba de ella —deberes, actividades extraescolares y estar con sus amigos— y le costaba dormir por las noches. Estuvimos analizando la organización de su semana y charlamos sobre las actividades que hacía. ¿Disfrutaba de todas? No, quería dejar dos de ellas. ¿Creía que su madre le dejaría dejarlas? No estaba segura, así que las apuntamos para discutirlo después con su madre. Luego pasamos a ver en qué momento se dedicaba a hacer los deberes. Hacía un poco aquí y un poco allá. Si dejaba esas dos actividades dispondría de dos periodos de tiempo a lo largo de la semana para hacer los deberes en lugar de tener que meterlos con cuchara entre actividades. También tenía la sensación de que no tenía tiempo suficiente para ver a sus amigos todo lo que le gustaría, de modo que hablamos de cuándo podría verlos. Le pregunté: «¿Con qué frecuencia querrías ver a tus amigos: una o dos veces a la semana, una vez al mes...?». Dijo que le gustaría verlos una vez por semana y que podía ser en su casa o en la de ellos. Ella misma sugirió la posibilidad de quedar para estudiar, pues así los vería y además haría los deberes.

Después de hablar con su madre y de discutir las medidas que Jane quería poner en marcha la madre le permitió dejar una de las actividades extraescolares. De este modo Jane empezó a sentir algo menos de presión y a tener más tiempo para hacer los deberes y ver a sus amigos.

Yo esperaba que reduciendo las actividades Jane tendría menos cosas en la cabeza y lograría acostarse antes y dormir mejor. Sin embargo, a pesar de la nueva rutina seguía bastante estresada, de modo que le pregunté si quería probar alguna técnica de relajación. Le gustó la idea y le expliqué las técnicas que describo a continuación.

En mi opinión las técnicas de relajación pueden ser muy útiles para que los niños se desestresen y relajen la mente. Todas las técnicas de relajación pueden realizarse sentado o tumbado en un lugar tranquilo y cálido en el que nadie interrumpa a tu hijo —o a tu hijo y a ti si vais a hacer la relajación juntos.

La herramienta que hay que utilizar

Herramienta para desestresarse:

1. Pide a tu hijo que se tumbe en una superficie plana: una cama, un sofá o el suelo.
2. Que piense en todos los músculos que hay en su cuerpo e intente relajarlos uno por uno.

3. A continuación pídele que mueva los dedos, que agite las manos y estire los brazos.
4. Que tense y relaje todas las partes de su cuerpo. Puede tensar los dedos del pie durante diez segundos y luego relajarlos, después pasar a las piernas, los glúteos, el estómago, y así seguir hacia arriba, tensando y relajando cada parte. También serviría hacerlo en el sentido contrario, de la cabeza a los pies. Una vez que haya tensado todo el cuerpo puede quedarse quieto y relajarse.

Al hacer este ejercicio tu hijo probablemente se concentre tanto en las partes de su cuerpo que no pensará en nada más. Si lo hacéis en una habitación tranquila, puede ser una técnica muy útil para que relaje la mente. Una vez que aprenda a hacer este ejercicio, podrá hacerlo por su cuenta. Si no le gusta quedarse en completo silencio, quizá sea buena idea poner un poco de música relajante.

Respirar hondo

Enseña a tu hijo a aspirar profundamente, contener el aire durante unos cinco segundos y luego soltarlo. Al exhalar/expirar, que diga «relájate». Respirar hondo lo ayudará a relajarse porque se concentra en lo que está haciendo, y la palabra «relájate» es un recordatorio de lo que tiene que hacer. Tras varias respiraciones debería sentirse más relajado.

Visualización

Haz que tu hijo cierre los ojos e imagine que está en un lugar que le encanta. Puede ser una playa o el parque de atracciones. Un lugar tranquilo o ruidoso. Puede estar con amigos o con la familia. Con los ojos cerrados se puede transportar a ese escenario e imaginar los olores y los colores de ese lugar tan especial. Los pensamientos y las imágenes de un espacio tan positivo los ayuda a relajarse. Yo misma me visualizo muy a menudo tumbada en la playa, oyendo las gaviotas, haciendo castillitos en la arena con mis hijos y viéndolos reír mientras chapotean en el agua. ¡No hay nada como la libertad de las vacaciones!

Si a tu hijo no se le da bien quedarse tumbado y quieto ni logra concentrarse en los ejercicios de relajación, quizá debas probar con ejercicios más físicos, como correr, jugar con una pelota o chutar a gol. Todas estas técnicas pueden ayudarlo a soltar los «otros» sentimientos.

Además, hay otras formas que puedes sugerir a tu hijo para que se relaje:

- Escuchar música, leer, ver la televisión. Escuchar música, especialmente si es tranquila y suave, puede transportar su mente a lugares alejados del estrés de la realidad. Igualmente, la lectura o la televisión pueden ser una buena manera de relajar la mente y las emociones. La televisión puede ser toda una vía de escape.
- Reír. La risa es una fantástica técnica de relajación para los niños. A todos nos gusta reír, ¿no es cierto? Anima a tu hijo a inventarse bromas tontas o a ver algo divertido como vídeos en YouTube. La risa los ayuda a relajar los músculos de la cara y hace que se concentren en aspectos menos serios de su vida.

¿Qué hace tu hijo para relajarse?

La importancia del sueño y de una buena alimentación

Es muy importante que un niño duerma bien; de lo contrario, puede afectar seriamente a su bienestar. Cuando hablo con un niño que parece estresado le suelo preguntar cuántas horas duerme. Si no duerme lo suficiente o le cuesta conciliar el sueño por la noche, hablamos de técnicas de relajación o de llevar un diario. A la mayoría de los niños les cuesta dormir porque algo les preocupa. Si lo escriben, dejan la preocupación sobre el papel y se quedan más liberados para ir a dormir. Sé que ya he mencionado varias veces los diarios, pero considero que pueden ser realmente útiles. ¡De hecho, también pueden ayudarte a ti a dormir cuando estás preocupado por tus hijos!

Lo que vas a necesitar

Los niños pueden confundir distintos sentimientos.

Sus sentimientos están alimentados por creencias y pensamientos.

Deberían compartir tanto los sentimientos buenos como los «otros» sentimientos.

Ayuda a tu hijo a notar indicios de que se está enfadando.

Racionaliza sus preocupaciones y sus miedos.

La relajación y la visualización pueden ayudarlo a desestresarse.

Lo que vas a necesitar

5

¿Cómo ayudar a tu hijo con sus amistades?

«La verdadera felicidad no está en tener muchos amigos, sino amigos valiosos y selectos».

SAMUEL JOHNSON

A muchos niños no les resulta fácil la amistad. Algunos no tienen confianza para hacer nuevos amigos y otros los hacen fácilmente pero les cuesta mantenerlos. Los hay que tienen grandes dificultades para solucionar los pequeños desencuentros y reconducir la relación con sus amigos. La amistad puede ser muy compleja, pues implica a varias personalidades distintas y cada amigo de tu hijo tiene sus propias necesidades y deseos. Es probable que tu hijo tenga cosas en común con ellos, puede que vistan parecido, pero pensarán y actuarán de manera distinta cuando se encuentren en una misma situación.

La experiencia me dice que cuando se trata de amistades los niños tienen que ser buenos compañeros de equipo: saber cuándo tomar las riendas y cuándo quedarse en segundo plano, cuándo negociar y cuándo ceder. Los niños deben tener ciertos atributos para que sus amistades funcionen, pues la amistad requiere bastante trabajo, comprensión y paciencia.

En mi opinión los niños pueden empezar a encontrar dificultades en la amistad al entrar en el mundo de la educación. En la guardería están en igualdad de condiciones. Se ponen a jugar con los demás y si alguien es desagradable con ellos no creo que le den importancia. Pero una vez que entran en la escuela primaria se exponen a personalidades distintas y les puede costar adaptarse. La guardería les ofrece un refugio en el que no tienen que arreglar sus diferencias con los demás. Si no se llevan bien, simplemente los separan o les piden que se disculpen, y se olvidan del incidente.

En la escuela primaria se pueden encontrar con caracteres fuertes capaces de intimidar a cualquier niño acostumbrado a un círculo social reducido. Hay niños que no saben compartir o jugar tranquilamente, y a los más pequeños les puede costar encontrar su lugar y dar con otros niños parecidos a ellos. Incluso cuando los encuentran, ¿están preparados para lidiar con los que tienen un carácter fuerte?

¿Por qué algunos niños tienen problemas con las amistades?

A continuación enumero varias razones por las que los niños pueden tener problemas en sus amistades:

- Tienen una autoestima baja y escasa confianza en sí mismos.
- Ven situaciones que no necesariamente son realidad.
- Son tímidos y prefieren estar solos.
- Diferencias físicas, mentales o emocionales con sus compañeros.

La importancia de las amistades

Todo niño necesita amigos. Los necesita para jugar, para explorar situaciones nuevas, para compartir, para ser creativo y para aprender de ellos. También son importantes para que el niño se desarrolle emocional y socialmente, pues a través de la interacción comprende la importancia de las habilidades sociales como los modales o la etiqueta. Todo niño necesita un amigo para los momentos difíciles y de transición. Un rostro amable puede ayudarlo a afrontar los cambios vitales: entrar en un colegio nuevo o mudarse de barrio, atravesar la pubertad, las crisis familiares, los desencuentros, etcétera.

Las amistades enseñan a un niño cómo se sienten y piensan otros de su misma edad y también le demuestran que personas distintas pueden reaccionar de forma diferente ante la misma situación. Por ejemplo, un niño que recibe un empujón de otro puede reaccionar yendo directamente a contárselo a la profesora, mientras que otro puede sacudirse el polvo y seguir como si nada. A través de las amistades los niños también aprenden mucho sobre sí mismos, pues se comparan con los demás —sus rasgos físicos, sus intereses, sus pasiones y sus capacidades—. Se dan cuenta de lo que hacen bien y lo que no hacen tan bien, y ven lo que los hace únicos.

Más allá de los factores sociales y emocionales, las amistades son necesarias para un desarrollo psicológico saludable. La investigación ha demostrado que al llegar a la edad adulta, los niños con amigos tienen más desarrollado el sentido del bienestar, más autoestima y menos problemas sociales que los que no tuvieron amigos. Por eso es tan importante que ayudes a tu hijo a lidiar con sus problemas de amistad cuando es

Mi hijo quiere ser astronauta

pequeño. No es agradable quedarse sin amigos. Aparte de ayudarlo a construir su autoestima, creo que puedes aportarle muchas cosas en lo relativo a las amistades.

Hacer amigos

Como ya he dicho, a muchos niños les cuesta hacer amistades, pero si tu hijo te dice que no tiene amigos hay estrategias con las que puedes ayudarlo. Para empezar, puede que sea verdad, y puede que no. Tienes que averiguarlo. Cuando trabajo con un niño que dice que no tiene amigos, nos concentramos en ver por qué dice eso. ¿Es cierto que no tiene amigos en absoluto? ¿Qué ha hecho para hacer amigos? y ¿se ha dado tiempo suficiente? Las amistades tardan en desarrollarse, y debes explicárselo. Lleva tiempo conocer a una persona lo suficiente como para confiarle tus sentimientos y tus pensamientos.

> Emma era una niña de 7 años que decía haber intentado hacerse amiga de un grupo de chicas pero éstas no mostraban interés alguno en ser sus amigas. Cuando estaba en el patio se acercaba a ellas y escuchaba su conversación, pero no participaba voluntariamente. Le pregunté por qué creía que no la incluían en la conversación. Quizá pensaban que

ella prefería simplemente escuchar y no quería añadir nada a lo que decían. O quizá no se estuviera esforzando lo suficiente en decir algo. Después de discutir el valor de las amistades y todo lo que significaban Emma dijo que debía esforzarse un poco más y unirse a la conversación; de lo contrario, jamás llegarían a conocerla ni a confiar en ella lo suficiente como para incluirla en el grupo. La siguiente ocasión en que las vio en el patio pensó en acercarse a hablar con ellas y ver qué pasaba. Lo hizo y las chicas la escucharon. Les preguntó si podía jugar con ellas y no pusieron ningún problema. Su sentimiento de soledad empezó a disminuir y por fin empezó a decir que tenía amigas.

Enseñar a tu hijo a hacer amigos

Si tu hijo quiere que lo ayudes a hacer amigos, puedes probar las siguientes estrategias:
- Pregúntale qué niños le caen mejor en el colegio y si tuviera que elegir con qué dos se quedaría y por qué. ¿Cómo empezaría una conversación con ellos?

  Le sugeriría que utilizara preguntas que empiecen con palabras como «qué», «por qué», «dónde» y «cuándo», todas ellas buenas herramientas para que la conversación se ponga en marcha.

Mi hijo quiere ser astronauta

Utilicé esta táctica con Tamsin. Lo probó la semana que empezaba en un colegio nuevo y funcionó. Con las cuatro preguntas consiguió respuestas sobre cosas que quería saber de otras niñas y tenía la sensación de que había empezado a poner los cimientos de nuevas amistades.

- Puedes enseñar a tu hijo a interactuar con sus compañeros mientras juegan juntos. Por ejemplo, cuando están jugando cerca les pueden hablar de lo que están haciendo o de cosas que les han sucedido recientemente. Si quieres, practica una situación de este tipo, haciendo como si tú fueras el compañero/a de tu hijo.

- Puedes hablar a tu hijo sobre la importancia de mostrar interés en lo que dicen y hacen los demás. Explícale que así hará que esa persona se sienta especial, y puede hacerlo planteando preguntas de amigos. Si le resulta difícil, practicad con preguntas sencillas, como: «¿Qué hiciste anoche?» o con cumplidos como: «Me gusta mucho tu... ¿dónde lo compraste?». Pueden hacer muchas preguntas distintas, y son una manera fantástica de conocer a los demás.

- Puedes enseñar a tu hijo a prestar más atención a los demás. Hay palabras y señales muy útiles con las que demostramos que estamos prestando atención a la conversación, como «ahá», «sí», «genial», «¿en serio?». Si ves que tu hijo necesita mejorar su nivel de interacción para mostrar que le interesa lo que dicen los demás, practica con este tipo de herramientas.

- Puedes sugerir a tu hijo que invite a varios amigos a casa después del colegio o durante el fin de semana. Es probable que se sienta más relajado en su propio terreno y le sea más fácil charlar y descubrir qué les gusta hacer a sus amigos.

- Puedes hablarle de las características que por experiencia sabes que son necesarias en las amistades y las agilizan. ¿Crees que tu hijo es paciente, comprensivo, fiable, comprometido, leal, digno de confianza, capaz de compartir, servicial, tolerante ante los errores de los demás y sabe escuchar? Si no es así, quizá puedas ayudarlo a desarrollar estas aptitudes hablando de ellas con detalle.

- Pregunta a tu hijo si cree que transmite señales adecuadas para expresar que le gustaría ser amigo de una persona. ¿Sonríe? ¿Es amable? ¿Ayuda a los demás si lo necesitan? ¿Habla amablemente sobre sus amigos a otros amigos? ¿Respeta la propiedad y las opiniones de los demás? ¿Se esfuerza por hablar y por compartir? Todo esto ayuda a desarrollar amistades. Si tu hijo no emite estas señales, puedes ayudarlo a practicar la sonrisa, el contacto visual, una actitud corporal adecuada, etcétera. La mejor manera es hacer un juego de roles e interpretar situaciones. Habla con tu hijo y anímalo a emplear señales adecuadas. En cuanto a las habilidades interpersonales necesarias en la amistad, pregúntale qué busca en un amigo y si él tiene esas características.

- ¿Sabes si tu hijo tiene amigos similares y distintos a él? Puede ser interesante que esté con gente diferente para que aprenda sobre otras culturas, familias...

- Si tu hijo quiere hacer nuevas amistades y no sabe con quién, debería mirar alrededor y buscar gente parecida a priori. Puede que alguna persona de su clase haya mostrado interés por la música, y que a tu hijo también le guste. Es más fácil entablar una conversación con alguien con quien compartes intereses. ¿Quién le cae bien, quién es amable o no lo intimida?

- Anima a tu hijo a tener bastantes amigos, no un único mejor amigo. De este modo siempre tendrá con quién jugar y hablar en el patio. Ahora bien, no lo obligues a jugar con niños que tú elegirías como amigos para él. Es posible que no se lo pase bien con ellos y que haga algo para incomodarlos con tal de que no vuelva a suceder. Tu hijo tiene que hacer sus propios amigos y con un poco de ayuda de tu parte lo hará.

- Si te preocupa que tu hijo no esté haciendo muchos amigos nuevos y sólo tenga unos pocos, pregúntale si lo prefiere así. Es posible que le guste tener pocos amigos muy buenos en lugar de muchos amigos y conocidos. Conforme van creciendo, los niños tienden a tener menos amigos, pero amigos más cercanos. Si es así, acéptalo como su elección.

- Si tu hijo ve obstáculos en sus amistades, siéntate a hablar con él sobre ellos, uno por uno, y trata de encontrar una solución para cada uno. Por ejemplo, puede que tu hijo quiera hacerse amigo de un compañero que juega al fútbol y a él no le guste el fútbol. En ese caso tendrá que elegir: jugar al fútbol aunque no le guste o buscarse a otra persona con la que jugar. También puede ser amigo de alguien que juegue al fútbol en el colegio, y verlo fuera cuando no lo hace.

Estoy segura de que estas estrategias pueden ayudar a tu hijo a hacer nuevas amistades, pues he utilizado la mayoría de ellas —si no todas— en mis sesiones.

El código de la amistad

La herramienta que hay que utilizar

Herramienta para la amistad:

Hay una herramienta llamada el *código de la amistad* que puede resultar muy útil para que tu hijo defina lo que necesita de un amigo o de una amistad. Está compuesto de una serie de características que para tu hijo harían un «buen» amigo, y representa su propio «código de amistad» con lo que considera aceptable e inaceptable en un amigo.

1. Coge una hoja de papel o cartulina y rotuladores de colores y siéntate con tu hijo.

2. En la parte superior de la hoja o cartulina escribe: «Para mí un buen amigo es...».

3. Pregúntale qué es lo que busca en un amigo.

4. Haz una lista de todo lo que diga bajo el encabezado. Debería contener atributos y características como «educado», «amable», «sabe guardar secretos», «alguien en quien puedo confiar», «comparte», «cariñoso», «generoso», etcétera.

5. Podéis decorar el papel o la cartulina y ponerlo en su cuarto. Reúne sus valores en lo relativo a las amistades y es un recordatorio de cómo quiere que lo traten.

¿Qué busca tu hijo en sus amigos? ¿Lealtad, generosidad, profundidad de pensamiento, sentido del humor...?

Amigos desagradables con tu hijo

Si tu hijo se queja de que tiene un amigo desagradable y le gustaría que dejara de comportarse mal con él, averigua por qué quiere estar cerca de esta persona. Es posible que haya algo que le encante de ese amigo o que piense que lo tiene dominado y le preocupa romper su amistad con él. Si tu hijo está a disgusto porque otra persona no lo trata bien, puedes hacer varias cosas.

> Ajay tenía un amigo que a veces jugaba con él y a veces no. Cuando estaba con otros chicos de la clase, el amigo le llamaba cosas feas. Ajay y yo hicimos una lista con distintas opciones para que su amigo dejara de insultarlo. La lista quedó de la siguiente manera:
>
> - Ignorarlo.
> - Jugar con otro niño.
> - Alejarse de él.
> - Decirle: «¿Por qué me llamas eso?» y pensar para si mismo: «¿Es verdad que soy eso? No, no lo es».
> - Responderle diciendo algo gracioso (si su amigo dice que huele mal, decirle: «Oh, qué amable», «Ya, es que hace meses que no me ducho» o «Ya ves»).
>
> Ajay quería probarlas todas pero finalmente se decidió por jugar con otros niños y pensar: «Lo

que estás diciendo no es verdad». El amigo se aburrió de insultarle, de modo que la técnica funcionó.

Otro caso de un niño que se comportaba de forma desagradable era Charlie, un amigo de Mark.

Charlie solía fastidiar los juegos con los que Mark intentaba entretenerse con otros chicos, haciendo cosas como quitarles la pelota cuando jugaban al fútbol o llevársela al otro lado del patio. Entonces Mark tenía que ir a pedirle la pelota mientras el resto de sus amigos esperaba.

A Mark le caía bien Charlie, pero le daba lástima. Le preocupaba decirle algo que hiriera sus sentimientos, pero sabía que tenía que hacerle parar de molestar. Mark y yo pensamos en una serie de opciones «consideradas»:

- Mark podía decir: «Nos encantaría que jugaras con nosotros, pero no mola que nos fastidies el partido».
- Sugerir al resto que Charlie se una al partido, diciéndole que si vuelve a intentar fastidiar a los demás no se lo volverán a proponer.
- Ignorar sus intentos de molestarles.
- Proponer otro juego junto al resto de sus amigos.
- Decirle que esta vez no puede unirse al partido y que jugará con él en otro momento.

Mark decidió decirle a Charlie que le gustaría que se uniera, pero sólo si no intentaba fastidiar el juego. La táctica funcionó durante unos días, al cabo de los cuales Charlie empezó a molestar de nuevo. Entonces Mark sugirió a sus amigos que jugaran a otra cosa y, según él, «funcionó mejor».

Si tu hijo tiene un amigo desagradable, tratad de buscar juntos la manera de que deje de comportarse así. Explica a tu hijo que puede cambiar la situación, pero que si se queda de brazos cruzados la estará aceptando.

Sentirse marginado

No es agradable sentirse marginado, y lamentablemente la mayoría de niños lo experimenta en algún momento. Ya sea por no ser escogido para formar parte de un equipo o porque todos los amigos se reúnen el fin de semana y nadie lo llama, acaban sintiéndose marginados y heridos. Cuando charlamos acerca de las amistades en mis sesiones, los niños casi siempre hablan de sentirse desplazados y al pedirles que me cuenten más del tema, veo que la sensación es reciente y no suele referirse a una marginación duradera.

Si tu hijo dice que siempre lo marginan, pregúntale: «¿Qué ocurrió el resto del día o de la semana?» y «¿Qué hicieron y cómo te sentiste?».

Ayúdalo a recobrar la sensación de que no siempre lo están marginando. Para ello puedes animarlo a que escriba cuántas veces sus amigos lo han incluido en los planes. Observa que no he dicho «excluido»: quiero que tu hijo piense de forma positiva y vea todo lo bueno que hay en su vida.

A veces los niños se sienten marginados cuando ven que sus amigos están hablando en grupo, ellos intentan unirse a la conversación y los demás siguen charlando. ¿Cree que deberían parar de hablar? Y, si no lo hacen, ¿significa que lo están marginando? De hecho, podría significar lo contrario: puede que sus amigos se sientan completamente cómodos con su presencia y les guste que se una a la conversación. La alternativa sería que cambiaran de tema, y entonces tu hijo sí se sentiría desplazado. Por experiencia sé que cuando me uno a un grupo de amigos y digo: «¿De qué estáis hablando?» y contestan: «De nada», ese «nada» significa algo aburrido o no demasiado interesante, no implica que mis amigos estén hablando de mí.

Si tu hijo se siente marginado por un amigo, lo vive como algo muy real y quiere hablar de ello, quizá podría abordar a ese amigo en concreto, llamarlo, cuando no estén en el colegio o acercarse a su casa para preguntarle si le pasa algo. Es importante que tu hijo se abra y muestre lo que siente, pues quizá el amigo no sea consciente de lo que está haciendo. ¿Cuándo es el mejor momento para que tu hijo lo llame o se pase por su casa? ¿Qué le diría? Practica haciendo un juego de roles para que se sienta más cómodo expresando lo que siente, y haz que piense en lo que quiere conseguir con esa conversación. ¿Quiere que vuelvan a ser amigos o quiere que su amigo cambie de actitud?

Querer ser amigos de todos

A todos los niños les gusta caer bien y que los incluyan en todo, pero ¿es posible llevarse bien con todo el mundo?

> Así lo creía Hattie. Intentaba caer bien a todos sus compañeros de clase para ser popular. Para ello les regalaba sus cosas y dejaba que todos las compartieran, incluida su comida. Hattie y yo hablamos de por qué la gente se cae bien y se hace amiga. Le expliqué que las verdaderas amistades se basan en la personalidad y que si eres amable con los demás, si mereces su confianza, si eres educado y respetuoso, los demás quieren estar contigo. La animé a que escribiera una lista de los atributos que creía poder ofrecer a un amigo, y salió una lista larga y fan-

tástica. Al hacer esta actividad se dio cuenta de que tenía muchas cosas que ofrecer a los demás sin tener que regalarles nada. Podía ser ella misma, sin más. Comprendió que la gente que gravitara alrededor y quisiera ser su amiga sería gente que la quería por su manera de ser. Hattie y yo nos tomamos unas semanas de descanso para que viera lo que ocurría si dejaba de regalar sus cosas. Algunos niños siguieron pidiéndole sus pertenencias. Ella les contestó que no le importaba compartirlas siempre que se las devolvieran, y así lo hicieron. Con el resto de sus amigos no cambió nada. No dijeron nada y siguieron siendo sus amigos.

Tu hijo no se va a llevar bien con todo el mundo, ni lo van a invitar a todas las fiestas de cumpleaños. Ésa es la realidad. Por ello es importante hacerle entender que por mucho que se esfuerce en complacer a los demás es imposible caer bien a todos. Algunos aceptarán lo que les ofrezca, y aun así no querrán ser sus amigos.

Amistades tóxicas

Hay amigos que sabemos que no son buenos para nuestro hijo: por la razón que sea, no quieren lo mejor para él y es posible que abusen de su amistad. Esos amigos tóxicos no son siempre amables con tu hijo y puede que hagan bromas acerca de él. Al escuchar esos comentarios tú entrevés lo que verdaderamente piensan, pero el deseo de ser su amigo hace que tu hijo no lo vea. Burlarse de los demás no está bien, pero esos amigos tóxicos se sienten mucho mejor consigo mismos haciéndolo, aunque sus bromas y sus sarcasmos puedan hacer mucho daño a la autoestima de tu hijo. También pueden intentar hacer trizas las ilusiones de los demás y hacerles dudar sobre sus capacidades.

No es agradable que los demás cuestionen tus ilusiones y tus metas. Los amigos deberían apoyarte y animarte a hacer las cosas bien. Si tu hijo tiene un amigo que no lo apoya y lo desanima, puedes ayudarlo a protegerse e ignorar sus comentarios desagradables. Puedes fortalecer su autoestima y enseñarle que a palabras necias, oídos sordos, que entienda que es posible que su amigo esté celoso de lo que tiene o de lo que puede conseguir. Anímalo a seguir esforzándose y demuéstrale tu fe en él para que sienta el apoyo que tiene en casa.

Los amigos tóxicos también intentan monopolizar a tu hijo y su tiempo, tratando de que no vea a otros amigos, o haciendo que se sienta culpable por ser amigo de otros niños. Puede que sea un indicio de inseguridad y de ansia de control. Si tu hijo está en una situación parecida, ayúdalo a hacerse valer, incluso sugiérele que hable con su amigo para explicarle cómo

Mi hijo quiere ser astronauta

le hace sentir y que si le «permitiera» ser amigo de otros niños todos ellos podrían ser amigos.

Si tu hijo insiste en mantener la relación con su amigo tóxico, déjalo, pero debe aceptar que es así. Es posible que el amigo tóxico aporte cosas positivas a la vida de tu hijo. Cuando hablo con niños que tienen amigos tóxicos siempre me ensalzan sus virtudes y restan importancia a esa «toxicidad», aunque la hayan mencionado al comienzo de la conversación. Podrías sugerir a tu hijo que cerrara la puerta a esa amistad. ¿Cómo se sentiría? ¿Y cómo cree que se lo tomaría el amigo? Si decidieran tomar ese camino, ¿querría acabar con la amistad para siempre o simplemente se distanciaría de su amigo? Otra posibilidad interesante sería relajar un poco la amistad y no verse tanto, o empezar a verse junto con otros niños.

En cualquier caso, la decisión está en manos de tu hijo. ¿Qué puede perder si rompe la amistad con ese niño? ¿Se siente capaz de seguir siendo su amigo aunque ya no sean tan íntimos? Recuérdale que perder una amistad insana no es el fin del mundo, especialmente si tu hijo es sociable y tiene muchos amigos. Si es tímido, puede que se sienta seguro teniendo a ese amigo tóxico y no quiera romper la amistad. En tal caso, si pide tu ayuda, quizá podrías invitar a varios niños a casa para que conozca a más gente. A la larga, es posible que no le cueste tanto romper lazos con su amigo tóxico.

Ben tenía un amigo tóxico que se portaba bastante mal con él, pero aun así le caía bien porque era muy popular. El amigo en cuestión, Patrick, era muy mandón y Ben estaba empezando a cansarse de su actitud. Tuvimos una conversación acerca de su «amigo» Patrick y sobre lo que Ben podía hacer para que fuera menos mandón. Le expliqué que no podemos cambiar las acciones de los demás, pero sí las nuestras. Si pudiera hacer algo distinto para protegerse de la actitud de Patrick, ¿qué sería?

- Podría decirle algo y pedirle que fuera menos mandón.
- Podría no hacer nada e ignorar su actitud mandona.
- Podría pasar menos tiempo con Patrick.

Después de barajar las ventajas y los inconvenientes de cada opción Ben optó por pasar menos tiempo con Patrick para que no le afectaran tanto sus comentarios desagradables y no lo mangoneara tanto. Con el paso del tiempo comprendió que no necesitaba ser amigo de Patrick y que había muchos otros niños con los que jugar.

Si como padre te preocupa el comportamiento de un amigo hacia tu hijo, pregúntale:

- ¿Eres feliz con su amistad?
- ¿Qué es lo que no te gusta de ser su amigo?

- ¿Qué cambiarías de este amigo?
- ¿Qué podrías hacer distinto para proteger tus sentimientos o que no te afecte o enfade tanto?

Estudiad juntos todas las opciones que tu hijo tiene tanto a nivel de pensamiento como de actuación.

Presión entre iguales

Tenemos un enorme control sobre nuestros hijos cuando son pequeños, pero a medida que crecen empiezan a escuchar a los de su edad y les influyen sus gustos, sus cosas y sus consejos. Quieren hacer lo mismo que sus amigos, se comportan igual y hasta hablan como ellos. Los niños quieren imitar a sus amigos para integrarse y sentir que forman parte de un grupo de chicos de su edad. Sin embargo, es posible que tu hijo no quiera hacer lo mismo que hacen sus amigos. Si es así, puede que necesite tu ayuda para aguantar la presión de sus iguales.

Hay muchos niños que quieren rechazar la presión que sienten por parte de sus amigos porque saben que lo que hacen no está bien. Me refiero a actos como robar, fumar, ser impertinente, comportarse mal en el colegio, etcétera.

Si tu hijo quiere empezar a decir «no» más a menudo o a pensar por sí mismo sin influencia de sus coetáneos, puedes ayudarlo de varias formas:

- Hablad de vuestros valores familiares. A los niños les gusta sentirse partícipes de algo, de modo que si le haces sentir que forma parte del grupo familiar lograrás que arraiguen en él fuertes valores familiares. ¿Saben tus hijos cuáles son esos valores? Hablando acerca de ellos y recalcándolos, tu hijo volverá a aprender qué comportamientos y actitudes son aceptables en vuestra familia y comprenderá que no todas las familias tienen los mismos valores, y por ello algunos de sus amigos no hacen lo mismo que él.

- Comparte tus opiniones o tus sentimientos acerca de lo que sucede dentro y fuera de casa. Por ejemplo, tu opinión sobre fumar o robar. Con suerte tendrá muy en cuenta tus opiniones y valorará aquello que consideras importante. Pregúntale su opinión sobre alguna de las cosas que mencionas.

- Trabaja sobre su autoestima, fortaleciéndola de manera que no sienta la necesidad ni la obligación de formar parte de un grupo para estar integrado o para sentirse bien (véase capítulo 6 en referencia a la autoestima). Si arraigas un sentido sano de la autoestima en tu hijo, será capaz de resistir la presión de los demás para que haga algo que va en contra de sus deseos cuando ha dicho que no.

- Crea una política de puertas abiertas por la cual pueda recurrir a ti, compartir sus problemas y discutirlos para que se plantee cómo solucionarlos. Si le resulta difícil encontrar soluciones, ayúdalo un poco, sondeándolo con preguntas como: «¿Qué es lo que quieres que pase?», «¿Por qué?», «¿Cuándo?», «¿Cómo?».

Ante la presión de otros niños de su edad ¿qué crees que funcionaría mejor con tu hijo?

Niños tímidos

Aunque tu hijo sea tímido, es muy importante que sea capaz de construir y mantener relaciones positivas con otros niños de su edad tanto dentro como fuera del colegio. La timidez no tiene por qué implicar soledad y no debería ser una barrera para que tu hijo haga amigos. Lo que sí puede significar es que te pida un poco más de ayuda para hacerlos que un niño extrovertido. Si quiere algo de orientación, podrías:

- Ayudarlo a relacionarse con grupos reducidos de niños, sugiriéndole que invite a algunos compañeros de clase a casa después del colegio. El hecho de que sean pocos niños le dará la oportunidad de hablar con todos ellos y conocerlos fuera del ajetreo del colegio.

- Introdúcelo en aficiones en las que pueda hacerse amigo de niños que hagan la misma actividad, como el fútbol, clases de baile o de teatro, etcétera. Muchos padres creen que el teatro ayuda a fortalecer la confianza del niño y a paliar su timidez pues lo empuja a cantar, a bailar, etcétera, y lo implica en intercambios de papeles. A algunos niños les resulta más fácil hablar con los demás cuando están haciendo la misma actividad. Por ejemplo, tienen que hablarse mientras juegan al fútbol; de lo contrario, ¿cómo les van a pasar la bola? ¿Qué actividad le gusta a tu hijo? Quizá ya conozca a alguien que haga esa actividad y le gustaría acompañarlo. El hecho de ir con otra persona hace que la nueva actividad intimide menos.

- Sugiere a su profesor que trabaje en equipo en lugar de por su cuenta, pero consulta antes con tu hijo para asegurarte de que no le importa que lo hagas. Es posible que le guste trabajar solo, e incluso que lo prefiera al trabajo en grupo. Si lo ves reacio a formar parte de un grupo, muéstrale las ventajas que tiene. Por ejemplo, explícale que compartir ideas y aprender juntos será más divertido y que la responsabilidad del proyecto recae sobre todos en lugar de sobre él solo.

Mi hijo quiere ser astronauta

- Que piense en sus compañeros de clase. Si tuviera que hacerse amigo de uno, ¿de quién sería? ¿Quién le cae mejor, a quién respeta más, y quién tiene sus mismos intereses?

Finalmente, háblale de su manera de ser y de lo mucho que te gusta cómo es. Puede que sea tímido, pero eso no quita que sea un ser humano maravilloso.

Pelearse versus negociar y comprometerse

¿Te imaginas un mundo en que la amistad fuera fácil y nunca hubiera palabras feas entre tu hijo y sus amigos? Sería un mundo aburrido, porque significaría que tu hijo y sus amigos tienen la misma opinión, aceptan cualquier cosa que dijeran los demás y se sienten igual ante la misma situación. Serían todos genéricos.

Los niños discuten porque tienen opiniones, ideas y sentimientos distintos. A algunos les cuesta aceptar que los demás difieran y se empeñan en pelearse, gritar o agredir para imponer lo que piensan.

Daniel tenía 8 años y quería que todo se hiciera a su manera, sin tener que comprometerse con sus amigos. O se hacía a su manera o no se hacía. En nuestras sesiones hablamos de que cada persona tiene opiniones distintas de las cosas, necesita y quiere cosas diferentes, y que para que todo el mundo esté contento hay que tener en cuenta los sentimientos y los deseos de los demás, no sólo los nuestros. ¿En qué no estaba dispuesto a comprometerse Daniel? Le encantaba jugar al fútbol, especialmente de portero. Sus compañeros también querían ponerse en la portería, pero él no los dejaba, así que se enfadaban y no querían jugar con él. Para empezar le pregunté cómo se sentiría si le permitieran jugar con ellos aunque no fuera de portero. Dijo que no le gustaría. ¿Y si uno de sus amigos se negara a dejarle jugar de portero en ningún momento del partido? Dijo que se pondría triste. ¿Y si jugara diez minutos de portero y luego dejara a otro ponerse en la portería? Contestó que eso estaría mejor. Estaba empezando a acceder a compartir su tiempo en la portería.

Le expliqué lo importante que es pensar en los demás y hablamos de cómo se siente cuando alguien tiene en cuenta sus sentimientos. Tratamos muchos ejemplos, hasta que por fin Daniel comprendió que estaba siendo egoísta y que se pelearía menos con un poco más de «compromiso». Lo más difícil parecía acostumbrarse a recordar lo que tenía que hacer y los resultados que eso le daría: si fuera menos agresivo y un poco más agradable, sus amigos estarían más dispuestos a jugar al fútbol con él.

Daniel y yo hablamos mucho sobre las ventajas de comprometerse y el proceso de pensamiento que tenía que cumplir, y cuando terminamos la sesión siguió pensando en lo que debía hacer. En nuestra siguiente cita me dijo lleno de orgullo que la relación con sus amigos cuando jugaban al fútbol había mejorado mucho y que ya no se pasaba el partido obsesionado con ponerse de portero.

¿Qué hacer cuando tu hijo parece más cómodo peleándose que hablando o negociando? ¿Puedes hacer que se plantee por qué se pelea en realidad? Si se trata de una diferencia de opinión, ¿no podría simplemente aceptar que tienen opiniones distintas y dejarlo? ¿Podría ser menos orgulloso? ¿Podría reconocer que una situación le enfada o le disgusta y calmarse por medio de técnicas de control de la ira? (Véase capítulo 4 dedicado a los sentimientos). ¿Podría negociar con sus amigos diciendo: «Ahora es tu turno, y luego me toca a mí»? No creo que las peleas y los gritos resuelvan nada, y una buena discusión puede lograr mejores resultados.

Si a tu hijo le cuesta negociar, puedes ensayar las situaciones en las que le resulta difícil ceder. Luego puede intentarlo por su cuenta. De este modo trabajaréis su habilidad para resolver problemas.

Expresarse

Si tu hijo tiene la sensación de que lo están pisoteando, que no tiene voz ni voto y los demás lo mangonean, ¿cómo ayudarlo a negociar y conseguir lo que quiere o necesita? Cuando tu hijo tiene una opinión sobre lo que lo rodea, es posible que precise tu ayuda para expresarla, para no frustrarse y enfadarse consigo mismo. ¿Por qué no expresa sus sentimientos? ¿Qué teme?

Pregunta a tu hijo qué sucedería si hablara con su amigo y le dijera: «No estoy de acuerdo» o «No quiero...». ¿Qué cree que haría o diría su amigo? Por ejemplo, si tu hijo quiere entretenerse con sus amigos pero no a lo que están jugando en ese momento, ¿podría sugerirles jugar a otra cosa? Es posible que a sus amigos les guste la idea, quizá hace mucho que no juegan a eso. Si a tu hijo no le gustan las reglas que ha creado otro niño o las considera injustas, anímalo a decirlo. Es posible que le disguste el hecho de que otras personas cambien o controlen las reglas de un juego cuando cree que no son las reglas adecuadas. En ese caso tiene que decidir si participa en el juego o no.

¿Es asertivo tu hijo a la hora de negociar y comprometerse? ¿Qué habilidades podrías enseñarle para que se defienda por sí mismo y diga lo que quiere o lo que necesita de los demás?

Ser asertivo

Puede ser difícil enseñar a tu hijo a ser asertivo. En mi opinión el juego de roles es una buena herramienta para que practique la defensa —a expresar sus opiniones y sus sentimientos— o también a ceder ligeramente para no abrumar a sus amigos ni hacerlos sentirse agredidos.

Juego de roles

Un ejemplo de juego de roles para ser asertivo:

Tú dices: «Vamos a molestar a Fredi».

Tu hijo dice: «No».

Tú: «Venga, siempre es divertido molestarlo, llora como un bebé».

Tu hijo: «Pues yo no quiero volver a hacerlo, no creo que esté bien».

Tú: «Pero si siempre te ha apetecido, venga...».

Tu hijo: «No, gracias, voy a jugar al pilla-pilla con Jaime».

Otro ejemplo sería:

Tú: «Vienes a jugar a mi casa después del cole».

Tu hijo: «Sí, lo sé. Pero la verdad es que no me apetece, es que no me gusta jugar a las mismas cosas que a ti».

Tú: «¿Por qué no?».

Tu hijo: «Porque me aburren. Así que no me apetece ir».

Tú: «Pero hemos quedado en que vendrías a mi casa, y me hace mucha ilusión».

Tu hijo: «Vale, pero ¿podemos jugar un rato a lo que tú quieres y luego a lo que me gusta a mí?».

Espacio personal

El espacio personal es un tema bastante complejo que debes enseñar a tu hijo sabiendo que no es un concepto fácil de entender. He visto a niños subiéndose literalmente sobre otros para hablarles o tocarlos mientras éstos se retuercen de angustia. Todos necesitamos espacio para movernos, para respirar y para hablar.

Es importante que los niños aprendan acerca del espacio privado, y su importancia para hacer y mantener amistades.

La herramienta que hay que utilizar

Herramienta para el espacio personal:

1. Pide a tu hijo que se ponga de pie enfrente de ti, de manera que vuestros pies se toquen.
2. Haz que dé un paso hacia atrás y explícale que ése es el espacio que debe haber cuando habla con amigos. Ése es el espacio razonable para hablar. Menos puede incomodar a la otra persona.

Explica a tu hijo que el contacto físico con permiso del otro es una buena manera de conectar con sus amigos y muéstrale la forma adecuada de hacerlo. La gente se siente especial y querida cuando la tocamos. Yo diría que está bien tocar el brazo del otro o abrazarlo cuando se trata de un buen amigo, pero tocar con demasiada frecuencia y hacerlo en la cara o en las piernas puede convertirse en un problema. Enseña a tu hijo el tipo de contacto o abrazo que a un amigo le puede agradar.

Si tu hijo es quien se siente atosigado o la gente le toca de una manera que no le gusta, háblale de cómo puede expresar de manera considerada y amable que no le agrada que lo hagan. Una posibilidad es decir:

«Me gusta mucho estar contigo, pero a veces me siento un poco atosigado». «¿Te importaría quedarte un poquito más lejos cuando hablamos?», o «Me encanta estar contigo pero preferiría que no me tocaras».

Leer la mente

«Supuesta habilidad de discernir lo que otra persona está pensando».

En la amistad parece haber mucha capacidad para leer la mente. Un niño no tiene más que ver a dos de sus amigos charlando y mirando hacia donde está para asumir que están hablando de él. Pensar con segundas o «leer la mente», como suelo llamarlo, es asumir que sabes lo que otra persona está pensando. Es un juego peligroso y puede cambiar los sentimientos de un niño para consigo mismo.

Charlotte vino a verme porque tenía problemas con sus amistades. Pensaba que sus amigos se metían con ella porque los veía cuchicheando mientras la miraban. Le pregunté qué pensaba que decían. Según ella: «Pues no estoy segura pero era evidente que estaban hablando de mí». Le pedí que me diera pruebas de que hablaban de ella. ¿Podía oír su conversación? Lo único que era evidente era que sus amigas hablaban entre sí. Le expliqué que podían estar planeando una sorpresa para ella o quizá hablaran de otra persona u otra cosa. Es posible que la estuvieran mirando y diciendo lo maravillosa que era o lo mucho que les gustaban sus zapatos o su pelo. Charlotte reflexionó sobre la situación y comprendió que dado que no había ninguna evidencia firme de que estuvieran hablando de ella debía admitir que podían estar charlando de cualquier cosa. Si de veras necesitaba saber lo que estaban diciendo, tendría que preguntárselo directamente. Pero, como tampoco creía que fuera buena idea, después de nuestra conversación decidió que cuando viera a sus amigas hablar sin ella, simplemente no haría caso y se diría a sí misma: «Podrían estar conversando de cualquier cosa. No hay ningún indicio de que estén hablando de mí». En cuanto lo puso en práctica desaparecieron sus problemas de amistad.

Creo que a algunos niños les cuesta creer que sus amigos están manteniendo conversaciones inocentes y en cuanto notan que los miran deducen que son el tema de conversación. Si ves que tu hijo «lee la mente», trata de alimentar su autoestima y cuestiona la realidad de sus interpretaciones, y no tardará en dejar de hacerlo.

En todo lo que rodea a las amistades de tu hijo recuerda que es importante mantener una línea de comunicación abierta entre los dos para que lo puedas apoyar en los momentos difíciles con sus amigos. No interfieras, sólo expresa claramente lo que opinas de la situación y muéstrale que estás ahí para lo que necesite.

Lo que vas a necesitar

Las amistades no son fáciles.

Los niños necesitan chicos/as de su edad y afines a ellos.

Las buenas amistades tardan en desarrollarse.

Comparte tus valores para aliviar la presión por parte de otros niños de su edad.

Las amistades requieren compromiso y negociación.

Si tu hijo es tímido, anímalo a que participe en actividades.

Pensar con segundas afecta a la autoestima de tu hijo.

6

Cómo ayudar a tu hijo a aceptarse y quererse tal y como es

«No bajes la cabeza. Mantenla bien alta.
Mira a los ojos al mundo».

HELEN KELLER

¿Qué es la autoestima?

La autoestima es lo que piensas y crees de ti mismo.
Se trata de aceptar tanto tus debilidades como tus puntos fuertes, y ser capaz de ver el mundo tal y como es.

La autoestima también reside en saber de lo que eres capaz. Significa no juzgarte y ser capaz de decir, por ejemplo: «No soy demasiado buen cocinero, pero no pasa nada, porque se me dan bien muchas otras cosas». Los niños tienen que quererse tal y como son y aceptar que son únicos. No pueden ser buenos en todo y deberían aprender a quererse por dentro y por fuera.

Es importante arraigar en nuestros hijos una autoestima saludable para que sean capaces de afrontar los momentos difíciles que les esperan a lo largo de su vida, no sólo los buenos. Los niños que se sienten bien consigo mismos parecen lidiar más fácilmente con los conflictos y resisten mejor las presiones negativas. Sonríen con mayor facilidad, son más realistas y en general más optimistas. Los niños con un buen nivel de autoestima no dejan que lo que los demás dicen acerca de ellos afecte a su opinión sobre sí mismos. Tienen un pensamiento equilibrado.

La autoestima puede venir determinada también por el hecho de sentirse querido. Los niños que están por lo general contentos con lo que consiguen pero no se sienten queridos pueden tener una carencia de autoestima. Y aquellos que se sienten queridos pero no tienen confianza en sus capacidades también pueden acabar adoleciendo de ella.

Si tu hijo tiene una autoestima saludable, será capaz de:

● Actuar de forma independiente.

- Asumir responsabilidad.
- Enorgullecerse de sus habilidades.
- Manejar sus emociones.
- Aceptar nuevos retos.
- Afrontar problemas con eficacia.

Los niños con baja autoestima son completamente distintos. Se angustian y se sienten frustrados en cuanto se encuentran con un reto, y pueden tener dificultades a la hora de encontrar solución a los problemas, pues lo primero que piensan es: «No puedo hacerlo».

Si tu hijo tiene la autoestima baja, puede:

- Sentir que no lo quieren o que no lo valoran.
- Culpar a los demás de sus propios errores.
- Evitar nuevos retos o tareas.
- Infravalorarse.
- Menospreciar sus habilidades.
- Verse fácilmente influido o manipulado por los demás.

La importancia de la autoestima

Imagina que con un toque de varita mágica pudiéramos hacer que todos los niños se sintieran seguros de sí mismos y confiados. Al fin y al cabo eso es lo que la mayoría de padres quiere para sus hijos. Queremos que tengan una autoestima saludable, pero por desgracia no todos los niños la poseen cuando se exponen a nuevas situaciones y experiencias y se encuentran con la opinión y los sentimientos de otras personas. En esa tesitura es fácil que se comparen con el resto y cuando no les va bien en algo pueden perder la resolución para intentarlo de nuevo.

He charlado con muchos niños que con apenas 6 años ya muestran una baja autoestima. Esta carencia puede empezar a desarrollarse de mil maneras distintas, desde un comentario despectivo de alguien o que no recibieron el reconocimiento que creían merecer por hacer algo bien. El comentario o la falta de comentario pueden desilusionarlos y hacerlos sentir que no son buenas personas o que no hacen algo bien. Algunos niños son incapaces de contextualizar el comentario o la situación y lo generalizan, hiriendo su autoestima. Cuando reconocemos que nuestro hijo tiene la autoestima baja, podemos intentar analizar las causas, pero es más importante mirar hacia delante y afrontarla mediante coaching. Lo que hay que hacer es acabar con todos los pensamientos negativos que tu hijo tenga de sí mismo y hacer que se sienta otra vez como el mejor del mundo. En el capítulo 10 dedico un apartado entero a cómo eliminar esos pensamientos negativos y sustituirlos por otros más equilibrados. En este capítulo me gustaría mostrarte cómo ayudar a tu hijo a aceptarse tal y como es.

> ¿Cómo tiene tu hijo la autoestima? ¿Cómo lo sabes?

He aquí un ejemplo de lo fácilmente que se puede ver afectada una autoestima saludable:

En mis primeras experiencias de coaching trabajé con Rachel, una niña de 6 años convencida de que no era demasiado inteligente porque sus amigos leían y escribían y ella aún no. Decía que quería ser tan buena como sus amigos en la escuela. Le pregunté si creía que todos somos capaces de hacer todo al mismo tiempo que los demás. Contestó que no estaba segura, de modo que le pregunté si todos sus amigos sabían montar en bicicleta. Dijo que no todos, pero ella sí. ¡Ah!, entonces si ella podía montar en bici y sus amigos no, y sus amigos podían leer bien pero no podían montar en bici, entonces todos debíamos ser distintos. Así pues, ¿qué otras cosas sabía hacer? ¿Qué se le daba bien? Hicimos una lista bien larga y Rachel acabó comprendiendo que era capaz de hacer muchas cosas. Entonces hablamos de que cada persona aprende a un ritmo distinto y que ella estaba aprendiendo y que no tenía por qué ser buena en todo el trabajo de la escuela. Lo más que podía hacer era esforzarse y con el tiempo aprendería a leer y escribir bien. ¡Las sesiones fueron todo un éxito!

Si tu hijo siente algo parecido a Rachel, podrías preguntarle:

- ¿Qué se te da bien? (Haced una lista).
- ¿Qué crees que se te debería dar bien? (Haced otra lista).
- ¿Por qué crees que se te debería dar bien todo lo que has puesto en esta lista? ¿Qué te hace pensar que se te debería dar bien?
- ¿Es todo el mundo bueno en todo lo que intenta hacer?

Háblale de tus puntos fuertes y de aquello que no se te da tan bien, y explícale también que todos aprendemos a ritmos distintos porque nuestro cerebro tarda en desarrollarse y en retener información.

También trabajé con un niño de 10 años llamado Alex, que no tenía muchos amigos porque en su opinión no podía ofrecer demasiado a los demás. Alex pensaba que era un fracasado, que no hacía nada divertido y por ello no tenía nada que aportar a la conversación de sus compañeros. En una de las siguientes sesiones estuvimos trabajando el tema de hacer amigos, pero primero hablamos de su autoestima. Llegué a la conclusión de que no veía su valía porque a la gente que tenía alrededor en el colegio le iba muy bien y se comparaba con ellos. Quería parecerse más a sus amigos: chicos confiados, abiertos y cómodos consigo mismos, todo lo que él no era. Intenté hablar de todas las cualidades que tenía, pero le costaba bastante, de modo que intentamos alentar su creatividad utilizando varias ideas que menciono en este capítulo. Gracias a estos ejercicios Alex se dio cuenta de que tenía mucho que ofrecer y que podía hablar de muchas cosas.

Hay infinitas maneras de ayudar a tu hijo a reforzar su autoestima, y el proceso puede llevar semanas, meses o incluso años. Es necesario invertir ese tiempo en tu hijo para que sea más feliz y más fuerte emocionalmente, tanto consigo mismo como con el mundo que lo rodea, para que se desenvuelva bien en la vida.

Ideas para empezar a sentirse bien

El cuadrado

Dibuja un cuadrado y divídelo en cuatro cuadrados iguales y más pequeños trazando una línea en vertical y otra en horizontal. En cada uno de estos cuadros escribe los siguientes títulos: «Lo que se me da bien», «Lo que dicen sobre mí» (sólo cosas buenas), «Mis logros» y «Mis cualidades» y en medio escribe la palabra «YO» en grande. Debajo de cada título pide a tu hijo que escriba cosas sobre sí mismo, qué ha logrado y qué se le da bien, para que pueda ver claramente quién es.

Me encanta esta actividad y creo que los ejercicios prácticos funcionan muy bien al tratar la autoestima. El cuadrado también se puede hacer con una flor, con manzanas o con un tren de vagones, dependiendo de la edad del niño.

La rueda de la fuerza

Una variante de la idea del cuadrado es la rueda de la fuerza. Consiste en que tu hijo vaya rellenando partes de la rueda con sus puntos fuertes (cualidades, destrezas, talentos, habilidades). Luego elige sus tres puntos más fuertes y escribe una frase debajo de la rueda para constatar que posee esos puntos fuertes. Por ejemplo: «Soy paciente porque me lo dice mi profesora» o «Soy creativo porque se me ocurren muchas ideas». Puedes hacer el ejercicio con tu hijo o tener tu propia rueda para hacer el ejercicio en paralelo. Compartir una actividad de este modo puede ser un momento fantástico para hablar e intercambiar ideas.

También podríais ir más allá y proponer un objetivo, algo que tu hijo quiera conseguir en un futuro cercano. ¿Cómo podría utilizar sus puntos fuertes para lograrlo?

De la A a la Z

Otra forma creativa fantástica de tratar la falta de autoestima es utilizar el alfabeto. Coge una hoja de papel grande y escribe el alfabeto, de la A a la Z, en el margen izquierdo. Luego anima a tu hijo a que piense en una palabra que lo describa bien que comience con cada letra y escríbela a la derecha. Algunas palabras son muy fáciles, pero cuando llegues a letras como la X, la Y o la Z ¡la cosa se complica! Es posible que tengas que echarle una mano.

Diario de autoestima

Soy una gran admiradora de los diarios por muchas razones, pero en el caso concreto de la autoestima creo que pueden ser de especial ayuda. Compra o busca un diario o un cuaderno para tu hijo y anímalo a decorarlo a su gusto. De este modo lo convertirá en un objeto más personal. A continuación dile que empiece a utilizarlo. Todos los días antes de irse a la cama tendrá que escribir en su diario de autoestima las cualidades que va descubriendo en sí mismo y apuntar los cumplidos que recibe de otras personas. Hasta puede valorar esos cumplidos del 1 al 10 según lo bien que le hayan hecho sentir.

El diario de autoestima también puede servir para que tu hijo tome nota de sus logros y guarde frases positivas que vaya encontrando. Todo ello lo ayudará a verse a sí mismo y a la vida de forma distinta y más positiva. Ahora bien, si prefiere ir anotando solamente los cumplidos que le vayan haciendo, no hay problema. Déjale utilizarlo como quiera. Sea como sea, le subirá la autoestima y lo hará sentirse bien consigo mismo.

Más allá de reforzar la autoestima los diarios pueden ser útiles para tratar las situaciones de estrés y para ordenar las ideas. Si tu hijo está angustiado y no logra dormir, podrías sugerirle que vuelque sus pensamientos sobre el papel antes de irse a la cama. También podría ir apuntando aquello que no le haya ido como esperaba para poder reflexionar y buscar otras maneras de hacerlo. De este modo todas esas nuevas ideas quedarán escritas en el diario y puede volver sobre ellas más adelante.

Collage de identidad

Busca una hoja de papel de tamaño A3 y un montón de revistas viejas y anima a tu hijo a que recorte fotografías de las revistas que en su opinión reflejen su personalidad. Es posible que recorte imágenes de su comida favorita, de un deporte que le gusta, de juegos, trozos de palabras, tiras cómicas, etcétera. Al crear este collage de sus sentimientos y de sus intereses será capaz de ver claramente quién es e incluso pensar en lo que quiere conseguir en la vida. El collage es un ejercicio muy bueno para crear un sentido de identidad, un elemento clave en la autoestima.

Una silueta de mí mismo

A los niños les encanta esta actividad porque es muy divertida. Pide a tu hijo que se tumbe en el suelo sobre un papel de grandes dimensiones, traza una línea siguiendo su silueta y recórtala. Una vez cortada escribid dentro de la silueta su nombre, su edad, su altura, sus cosas favoritas, sus intereses, lo que le gusta hacer, lo que se le da bien, etcétera. La silueta lo ayudará a recordar y valorar quién es.

Certificados

Mi última sugerencia para subir la autoestima es utilizar certificados o logros. Si tu hijo no tiene certificados, podrías diseñarle uno propio y dárselo cada vez que haga algo bien. Por ejemplo, podría recibir uno por poner bien la mesa durante una semana entera o por ser generoso y bueno.

¿Qué mecanismos crees que ayudarían a reforzar la autoestima de tu hijo?

Todas estas actividades para la autoestima funcionan, pero no ayudarán mucho a tu hijo a menos que las coloquéis en un lugar donde las vea regularmente (a excepción del diario, que debería guardar en un lugar secreto). Pregunta a tu hijo dónde cree que deberíais poner el collage o el trabajo que ha hecho para que pueda verlo bien y mirarlo cada día. Una posibilidad es la pared de su cuarto o dentro de un armario para que lo vea cada vez que saca la ropa. Será una manera de recordarle todo lo que lo hace especial, lo que puede ofrecer a los demás y las razones por las que debería sentirse bien consigo mismo. En mi opinión siempre es agradable entrar en la habitación de un niño y ver las paredes decoradas con sus certificados, fotos e imágenes de personas importantes en su vida. Los logros pueden tener su propio panel de celebración.

Julián decidió hacer un panel mensual llamado «¡TOMA YA!», donde iría anotando todos sus logros. Utilizó una pizarra y la distribuyó como la tabla a continuación:

¡TOMA YA!						
	Lunes	Martes	Miércoles	Jueves	Viernes	Sábado	Domingo
Semana 1					Nombrado estudiante estrella		
Semana 2			3 puntos para mi equipo				
Semana 3	Invitación a una fiesta						
Semana 4				Termino un libro			

Mi hijo quiere ser astronauta

Cada día antes de irse a la cama Julián anotaba lo que había logrado en casa y en el colegio. Puesto que la pizarra ¡TOMA YA! sólo abarcaba un mes, al final de cada uno escribía sus logros en un cuaderno que guardaba en un cajón de su cuarto para recordar todo lo que había conseguido. Luego borraba la pizarra y la reutilizaba para el mes siguiente. Después de varias semanas utilizando la tabla Julián me dijo que era muy útil porque le recordaba todo lo que había logrado, ya fuera importante o pequeño, y que normalmente habría olvidado.

Todas las actividades que he comentado estimulan el pensamiento y la creatividad, y tu hijo puede hacerlas por su cuenta o contigo. Otra manera de reforzar su autoestima es mediante frases positivas, cumplidos o elogios.

La importancia del elogio

La herramienta que hay que utilizar

Herramienta para la autoestima:

1. Utiliza los elogios siempre que tu hijo haga algo bien o demuestre que se ha esforzado.

2. Sé todo lo descriptivo que puedas en tus elogios, con independencia de que sea por algo importante o menor.

3. Utiliza frases como: «Gracias por poner los platos en el fregadero, me ayudas mucho» o «Has sido fantástico turnándote en el ordenador con tu amigo hoy, se te da muy bien compartir». Los elogios descriptivos ayudan a tu hijo a saber qué ha hecho bien exactamente y le hace sentir bien consigo mismo.

4. Aparte del elogio dale un abrazo o choca los cinco con tu hijo. Cualquier excusa es buena para celebrar sus éxitos.

5. Si quieres elogiar a tu hijo de una manera natural para un padre/madre, podrías escribirle una nota diciéndole lo fantástico que es y lo orgulloso que estás de él.

Al decir a nuestros hijos que creemos en ellos les estamos demostrando que son grandes personas y que los queremos.

Los cumplidos son otra manera estupenda de hacer que los niños se sientan bien y seguros de lo que hacen. Intenta que tu hijo se sienta especial fijándote en las pequeñas cosas que hace bien. Una buena forma de elogiar a tu hijo indirectamente es hablar de él en su presencia. Por ejemplo, cuando está cerca y sabes que puede oír lo que dices, podrías comentarle a un amigo: «¿Te he contado lo bien que lo hizo Clara hoy en...? ¡Estoy muy orgulloso de ella!».

La autoestima no se reduce a hacer que tu hijo se sienta bien, también consiste en celebrar su singularidad.

Celebrar la singularidad

«Sé siempre la mejor versión de ti mismo, y no una versión mediocre de otra persona», JUDY GARLAND.

No hay dos niños iguales, y aunque nos encante la singularidad de nuestro hijo cuando por ejemplo se interesa por la «ciencia», puede que a él o ella le preocupe no ser igual que los demás y no encajar con los de su edad. Quiere ser popular sin dejar de hacer lo que más le gusta. ¿Cómo puede encajar y seguir siendo quien es, alimentando su pasión por las «cosas» que lo hacen único? Como padres, podemos ayudarlos mucho. Podemos:

- Animarlo a que celebre sus cualidades únicas, hacer referencia a los atributos que tiene y volcarnos en aquello en lo que cree. Por ejemplo, puede que no sea muy alto, pero que se le dé bien correr y defender en el fútbol.

- Explicarle que llamar la atención por ser diferente es algo bueno, quizás no ahora pero sí más adelante. ¿Quién quiere ser igual que todo el mundo? No hay nada malo con ser especial. Tener la capacidad de aportar algo distinto a la conversación hace que la vida sea más interesante. Por ejemplo, puede que tu hijo sepa muchas cosas de ciencias que sus compañeros ignoran, y es posible que les interese mucho los experimentos que tu hijo hace en casa.
- Explicarle que llamar la atención conlleva interés por parte de los demás. Que entienda que a la gente le interesará lo que dice, pero no a todos y en todo momento. Tiene que encontrar el grupo de amigos adecuado para él para sentirse valorado tal y como es. Esto puede llevar tiempo pero, como he dicho, es mejor dar con los amigos adecuados y tardar un poco más que hacer amistades equivocadas por estar desesperado.
- Predicar con el ejemplo. Si te sientes cómodo contigo mismo, tu hijo lo notará y acabará ignorando sus propios complejos o inseguridades. Lo mismo se aplica a defender aquello en lo que uno cree. Si tu hijo te ve expresando tu opinión, probablemente haga otro tanto.

¿Cómo ayudas a tu hijo a ser quien es?

También podemos ayudarlo a celebrar su singularidad permitiéndole «conocerse y comprenderse». Para ello puedes:

- Darle un poco de espacio. La tranquilidad le da espacio para dejar de pensar en todo lo que ocurre alrededor y simplemente escuchar sus propios pensamientos y sentimientos.

- Guiarlo y hacerle de coach. Pregúntale sobre sus sentimientos y su opinión acerca de las cosas, ayúdalo a resolver sus problemas cuando recurra a ti y oriéntalo en las situaciones que le resulten difíciles.

- Ayúdalo a ser reflexivo. Cuando haga algo positivo o negativo, anímalo a recapacitar sobre lo que ha hecho para que vea las consecuencias de sus actos. Por ejemplo, pregúntale: «¿Qué has conseguido que ocurra al hacer esto?» o «¿Qué has aprendido?».

- Animarlo a pensar en lo que está haciendo. Si siempre le dices a tu hijo lo que tiene que hacer, aprenderá a hacer lo que le dicen sin cuestionarlo. Si por el contrario le enseñas a razonar y a pensar por sí mismo, verás cómo desarrolla la capacidad de pensar y planear sus actos con antelación. Lo mismo se aplica a resolver problemas. Si siempre resuelves los problemas de tu hijo, cuando sea mayor no será capaz de hacerlo por sí mismo y volverá a ti cada vez que tenga que tomar una decisión. No creo que sea lo que tú quieres, más bien querrás que se convierta en una persona independiente y capaz de tomar decisiones informadas.

¿Cuál de estas cosas crees que podrías hacer más?

Si contribuimos a arraigar una autoestima saludable en nuestros hijos, cuando surja un problema con niños de su edad serán capaces de afrontarlo emocionalmente.

Frases para alimentar la autoestima

Los niños necesitan saber que son capaces de hacer cosas por su cuenta y de hacerlas bien, y nosotros podemos ayudarlos haciéndoles ver todo lo que ya son capaces de hacer. Por ejemplo, es posible que tu hijo diga que no puede hacer algo, pero si lo animas verá que es capaz de llenar el lavaplatos, preparar la mochila o regar las plantas. Cree que no es capaz de hacerlo simplemente porque no lo ha hecho antes o hace tiempo que no lo intenta. Si tu hijo necesita ayuda ante una nueva experiencia, ofrécesela y, si la acepta, enséñale a hacerlo. Al animar a tu hijo a hacer más cosas por su cuenta y hacerse más responsable de sus pertenencias le estás diciendo: «Confío en ti y sé que vas a hacer un buen trabajo». A su vez esto ayudará a su autoestima.

Otras formas de dar a nuestros hijos la autoestima que necesitan son:

- Elogiarlos cuando hacen algo bien o cuando lo hacen sin preguntar. Los elogios descriptivos pueden reforzar mucho su autoestima, especialmente cuando no se los esperan.

- Animarlos a ser independientes. Podemos hacerlo sugiriéndoles que prueben cosas nuevas y que se arriesguen un poco. El éxito en algo nuevo puede dar un enorme empujón a la autoestima de un niño.

- Preguntarles su opinión acerca de cosas que nos ven haciendo e involucrarlos en decisiones que les van a afectar. Tu hijo se sentirá valorado por el hecho de que le preguntes y lo escuches.

- Enseñarlos a tomar decisiones correctas. Podrías hacerlos partícipes de las decisiones menores que tomas como una manera de enseñarlos a tomar buenas decisiones. Cuando aprendan a emitir juicios sensatos demostrarán que son responsables, y esto reforzará su autoestima.

- Recordarles que cuando se encuentren ante una situación o un trabajo complicado no pasa nada por que les cueste, y a veces es necesario practicar algo muchas veces antes de que salga bien. No significa que fracasen, ni mucho menos que sean unos fracasados. Recuérdales que a ti todavía no te sale todo bien, que todos cometemos errores y que forman parte del crecimiento y del aprendizaje. Si supiéramos cómo hacerlo todo, no tendríamos ningún reto. Utiliza palabras cariñosas y de ánimo, como: «Entiendo cómo te sientes, pero de verdad creo que puedes hacerlo». No dejes de animarlo y, una vez superada la situación, celebra su logro.

- Ayudarlos y respetar sus intereses aunque no nos importen a nosotros. Si tu hijo quiere hablarte acerca de algo —sea lo que sea— tómate tu tiempo y demuestra tu interés aunque no sientas la misma pasión por el tema. Le hará sentir que es el centro de tu universo.

- Evitar decir cosas negativas que puedan herirles. Los niños siempre recuerdan las cosas desagradables que les dicen.

Me gustan mucho todos estos métodos, pero ¿cuáles le vendrán bien a tu hijo?

Creencias

Me gustaría concluir este capítulo con un apartado dedicado a las creencias, pues es donde considero que mejor encajan. Algunos niños están convencidos de que si hacen algo obtendrán el resultado que desean. Por ejemplo, si son generosos y serviciales complacerán a los demás, o si trabajan duro sacarán buenas notas. Sin embargo, conviene que se deshagan de estas creencias, pues son sólo suposiciones y en esta vida no hay garantías de nada. Nosotros podemos ayudarlos a arraigar creencias y expectativas realistas hablando con ellos de todas las posibles salidas de una situación. Es importante que transmitas a tu hijo que debe esforzarse para sacar las notas que quiere, y que si no lo consigue no será porque no lo ha intentado y porque no ha trabajado. En ese proceso puedes ayudarlo con palabras de ánimo que lo motiven para hacerlo lo mejor que pueda.

Una manera de vencer las creencias negativas y rígidas es abordar la realidad de la situación. En el capítulo 10 hablaré más de ello, junto con otras habilidades con las que podemos ayudar a nuestros hijos.

Lo que vas a necesitar

La autoestima puede afectar a la perspectiva que tu hijo tenga de la vida.

Las ayudas visuales pueden reforzar la autoestima de tu hijo.

Celebra la singularidad de tu hijo.

Anima a tu hijo a pensar y a decidir por sí mismo.

Dale responsabilidades adecuadas para su edad.

Elogia y felicita a tu hijo.

7

Cómo ayudar a tu hijo a llevarse mejor con sus hermanos

«Si no tenemos paz, es porque hemos olvidado
que nos pertenecemos los unos a los otros».

TERESA DE CALCUTA

Rivalidad fraternal

Para aquellos que no estén familiarizados con la expresión «rivalidad fraternal» se refiere a una situación en la cual hay una competencia o celos entre hermanos por alguna razón. Los celos suelen manifestarse en rencillas, discusiones o incluso en peleas físicas. Hay muchos factores que pueden influir en la frecuencia y la gravedad de las peleas entre nuestros hijos, y la mayoría giran en torno a sus sentimientos. Cuando un niño necesita cambiar algo, entra en un estado de ansiedad e inseguridad consigo mismo, y tiende a pelearse más con sus hermanos. Por ejemplo, la llegada de un bebé a una familia puede hacer que un niño se sienta desplazado, o cuando un niño estrena un juguete puede que su hermano también quiera entretenerse con él.

En mis sesiones los niños se quejan a menudo de que sus hermanos reciben un trato diferente. Ya sea porque son mayores y les dejan quedarse hasta más tarde o porque son menores y reciben más mimos, el caso es que los niños creen en la justicia (y lo sabemos porque a menudo dicen: «Pero ¡no es justo!») y la igualdad («Pero yo me tenía que bañar») y no les gusta el hecho de que su hermano o hermana reciba un trato preferente. Por experiencia también sé que los hermanos ligeramente mayores que ya tienen su propia vida social y disfrutan de una relativa independencia pueden sentirse molestos al tener que cuidar de su hermano menor. Esta situación ha salido a colación varias veces durante las sesiones. Cuando tienes 13 años y estás chateando con tus amigos en Facebook, no debe ser agradable tener que ocuparte de tu hermano de 7 años que quiere jugar contigo. De hecho, es bastante probable que con sus continuas exigencias y preguntas tratando de llamar tu atención te acabes enfadando, tengas que dejar el ordenador y empieces a discutir para intentar reclamar tu propio espacio.

En mi opinión la personalidad desempeña un papel fundamental en cómo se lleven los hermanos. A menudo me encuentro con un hermano muy tranquilo y otro bastante dinámico, incluso nervioso. El más tranquilo suele acabar cediendo ante el segundo, que logra dar con la manera de fastidiar al primero. No creo que la rivalidad fraternal se pueda evitar por completo.

La rivalidad entre hermanos se produce por varias razones:

- Porque uno de ellos siente que recibe menos amor y atención que otro por parte de uno de los padres.
- Por la posesión de juguetes, etcétera.
- Por falta de justicia —en el tiempo de uso del ordenador, por ejemplo— o por favoritismos —uno siempre consigue lo que quiere y el otro piensa que queda relegado.
- Por comparaciones entre los hijos.

¿Por qué discuten tus hijos?

No es fácil llevarse bien con todo el mundo en tu familia, especialmente si hay hermanos y hermanas que reclaman la misma atención que el hijo que te preocupa. Algunos hermanos lo llevan con normalidad y, más allá de alguna pequeña rencilla, en general se tratan con respeto y son amables y considerados. Pero ¿qué hacer si tus hijos no lo son? En la consulta he visto a muchos niños que quieren hablar de la relación con sus hermanos. Se sienten muy frustrados cuando sus hermanos les molestan, y acaban enfadándose y peleándose verbal o físicamente. La persona que se enfurece no siempre quiere pelea, pero siente que debe defender su terreno. Uno de los hermanos siempre sale mal parado (normalmente el menor o el más pequeño), entran en escena los padres y alguno se lleva una bronca y hasta un castigo. Es necesario que ese niño que tengo delante y que se queja de que sus hermanos se portan mal con él cambie su forma de reaccionar ante la situación para que las discusiones dejen de producirse o no le generen un estado de ira.

Utilizando las cuatro clases de rivalidad fraternal que he descrito en la página anterior, piensa en cómo podrías ayudar a tus hijos a llevarse mejor con sus hermanos.

Recibir menos amor y atención que otro hermano
por parte de los padres

¿Cómo se siente tu hijo cuando nota que sus hermanos reciben más amor que él? ¿Por qué se siente así? ¿Qué le gustaría cambiar para que en su opinión el trato fuera más equitativo?

Estuve viendo a un niño llamado Bailey que decía que su madre pasaba más tiempo diciendo buenas noches a su hermano que a él. Como quería que su madre le dedicara más atención al irse a la cama, Bailey empezó a romper la rutina de acostarse de su hermano interrumpiendo a la madre mientras le estaba leyendo un cuento. Para ver si era verdad que su madre pasaba más tiempo con su hermano hicimos una prueba y cronometramos el tiempo que dedicaba a los dos niños. Y, en efecto, el resultado demostró que tardaba menos tiempo en decir buenas noches a Bailey que a su hermano. Comprobada la realidad de la situación, pudimos afrontar el problema para que los dos niños recibieran la misma atención a la hora de acostarse. Bailey necesitaba esta prueba para tranquilizarse, y una vez que comprobó que su madre le estaba dedicando menos tiempo se mostró encantado ante la idea de que su madre le prestara más atención.

A Jake le ocurría algo parecido. A su hermana le encantaba ir de compras con su madre, y cada vez que salían a comprar Jake se quedaba en casa. Estaba celoso de su hermana. No quería ir de compras, pero sí que su madre le prestara más atención. Cuando volvían de comprar Jake reclamaba la atención de su madre empujando a su hermana. ¿De qué otra forma podía conseguir lo que quería?

Le pregunté qué era lo que quería, y dijo que quería pasar más tiempo con su madre. ¿Cuánto tiempo? Un par de horas. ¿Cuándo? Durante el fin de semana. ¿Qué quería hacer durante ese rato con ella? Le gustaría ir a jugar a los bolos, al cine o al parque. ¿Cómo podía hacérselo saber a su madre? Se lo podía decir después de nuestra sesión.

Así pues, Jake habló con su madre, que no se había dado cuenta de que eso era lo que quería, y prometió mirar en su agenda y hacer hueco para pasar un buen rato juntos.

Es muy difícil repartir el tiempo de manera justa entre tus hijos. En la medida de lo posible trata de que todos ellos se sientan especiales dedicándoles un rato cada día para hablar y escucharlos.

¿Y qué haces cuando tu hijo dice que no le das el mismo amor que a sus hermanos? Puedes hablar con él sobre por qué se siente así, y preguntarle qué le gustaría hacer al respecto. ¿Le gustaría pasar más tiempo a solas contigo, más carantoñas o más juegos? Yo sé cuándo mi hijo mayor se siente relegado porque salta sobre mí cuando abrazo a su hermano. Sus actos son muy elocuentes; me está diciendo: «¡También eres mía!».

La llegada de un bebé a la familia es otro factor que puede contribuir a la rivalidad fraternal. Cuando nace, las dinámicas familiares cambian, y a los niños les cuesta tener que compartir a sus padres. Los bebés acaparan tiempo y dedicación; el trabajo y los planes quedan relegados a un segundo plano. Si a tu hijo le gusta mucho hacer cosas y hacerlas rápido, puede que le cueste acostumbrarse al ritmo que conlleva la llegada de un nuevo hermano. También puede sentir que ya no pasa tanto tiempo con sus padres como le gustaría. Si tu hijo te lo dice, ya sea directamente o a través de su comportamiento, que se siente celoso o que le molesta la presencia de su nuevo hermano, habla con él sobre sus sentimientos, y pregúntale: «¿Por qué crees que tengo menos tiempo para estar contigo?», y explícale todas las exigencias que supone el bebé. ¿Qué cree que deberías hacer con el bebé y con los demás? ¿Cómo puedes hacerlo todo?

Explícale que aunque vas a tener menos siempre tendrás tiempo para él. Haz que entienda por qué no podéis hacer algunas de las cosas que solíais hacer juntos. Explícale que ciertas cosas no son prácticas «en estos momentos», y planead ratos juntos. Marca en un calendario esos ratos para que tenga un referente al que mirar con ilusión. Si puede ser un momento o un rato cada día, estará encantado. Es sorprendente lo que diez minutos a solas y sin interrupciones pueden significar para tu hijo (¡y para su comportamiento!).

En mi opinión siempre hay un momento del día que podríamos aprovechar e incluso dedicar enteramente a nuestro hijo, y es cuando das de comer al bebé. Es una ocasión perfecta para que charléis, ¡y no tienes escapatoria posible! Y si puedes dedicarle una horita, déjale que elija la actividad y que lleve la iniciativa.

La posesión de juguetes, programas de televisión, aparatos electrónicos, etcétera

Sea cual sea el juguete, el pasatiempo o la actividad a la que juegue tu hijo, en cuanto uno de sus hermanos entre en la habitación también la querrá para sí.

Scarlett se enfadaba mucho cuando su hermana entraba en el cuarto de la tele y tomaba las riendas, ya fuera cambiando el canal de la tele o sentándose a su lado delante del ordenador y apagando el juego con el que se estaba entreteniendo. Scarlett vino a verme porque quería llevar mejor esas situaciones. Se sentía frustrada y en aquel momento no podía hacer otra cosa que dejar que su hermana se saliera con la suya, porque creía que si intentaba defender sus derechos se metería en un lío por empezar una pelea. Nos pusimos a barajar posibles opciones para que manejara la situación de forma asertiva en lugar de la manera pasiva que había mostrado hasta entonces. Por ejemplo, podía:

- No hacer nada; no era una opción.
- Decírselo a mamá o a papá; ¿qué harían ellos?

- Inventarse una regla para que no pueda haber espectadores cuando juegas al ordenador y acordar que cuando una termine la otra pueda ponerse a jugar; ¿accedería su hermana a esta idea?
- Sugerir que cuando una persona esté viendo la televisión la otra espere a que termine el programa. Mientras tanto pueden quedarse y verlo sin interrumpir, o ir a hacer otra cosa.

Scarlett decidió que entre todas estas opciones quería redactar un minicontrato que especificara que tanto ella como su hermana tendrían que respetar lo que la otra estaba haciendo y esperar para hacer lo que querían (por ejemplo, ver un programa de la tele o jugar al ordenador). Luego habló con su hermana y ésta accedió a probar el contrato. Hizo falta tiempo y paciencia por parte de ambas, pero las dos se ciñeron al contrato y después de dos semanas su relación era mucho más fluida.

Ellie también vino a verme porque quería dejar de pelearse con sus hermanos. Se enfadaba mucho cuando su hermana pequeña le quitaba los juguetes. Sus opciones para solucionar el problema eran algo distintas a las de Scarlett, porque su hermana sólo tenía 4 años. Podía:

- Decirle a su hermana que ella tenía el juguete primero y volver a quitárselo; Ellie no pensaba que fuera una opción demasiado buena (2/10).

- Sugerir turnarse el juguete; podía funcionar (7/10).
- Ellie podía coger otro juguete; no era lo que quería hacer (4/10).
- Coger otro juguete y dárselo a su hermana diciéndole que era mucho mejor; le gustaba esta idea, especialmente si le diera a su hermana su juguete preferido (8/10).
- Decírselo a mamá y a papá; no creía que ellos lo fueran a arreglar (5/10).
- Ignorar a su hermana y ponerse a hacer otra cosa; Ellie creía que no sería capaz (3/10).

Después de barajar todas sus opciones Ellie decidió que buscaría otro juguete para su hermana pequeña o le propondría jugar con ellos por turnos. A su hermana le encantaban muchos otros juguetes, y Ellie podía alcanzárselos. Si decidían turnarse un juguete, tendrían que controlar el tiempo: su hermana podría jugar con él durante diez minutos y luego Ellie lo tendría otros diez. Probó las dos opciones para ver cuál funcionaba mejor con su hermana y al final le gustaron las dos, dependiendo del humor que estuviera.

El sistema de controlar el tiempo funciona programando un reloj o un temporizador para que suene en un determinado tiempo mientras ven la televisión, utilizan el ordenador, juegan a la Playstation... Lo podéis hacer tanto tú como tu hijo, y cuando suene la alarma el niño sabrá que se le ha acabado el tiempo y le toca al otro. Es una técnica que funciona en muchas situaciones.

Falta de justicia o favoritismo

El favoritismo puede verse en muchos detalles, desde dar a uno de tus hijos algo distinto que al resto o dejar que uno de ellos haga algo y el otro, no. Por ejemplo, si llevas a uno de tus hijos a tomar un helado al parque mientras el otro va a una fiesta de cumpleaños. El que no va a la fiesta puede quejarse por no ir o el que va a la fiesta se puede quejar de que no ha ido contigo al parque.

A los niños les gusta que los trates por igual y que no haya favoritismos. A nosotros ni se nos pasa por la cabeza que los hayamos tratado de manera injusta. En el ejemplo de la fiesta y el parque los dos deberían pasárselo bien haciendo cosas distintas y ninguno quedaría excluido. A los niños les gusta que las cosas sean justas y quieren que los trates igual aunque sean distintos. Ahora bien, cada niño tiene necesidades emocionales diferentes y requiere un trato distinto por tu parte, algunas reglas pueden ser relevantes para uno de tus hijos, pero no para otro.

El hijo que tenga unas reglas y unas limitaciones más estrictas puede pensar que le ha tocado la parte más dura y que muestras favoritismo por sus hermanos. Por ejemplo, tienes dos hijos —uno de 9 años y el otro de 5— y cada uno tiene que hacer una tarea distinta en casa. El de 9 tiene que poner el lavaplatos y el de 5 poner la mesa antes de cada comida. El de 9 no para de quejarse por lo injusto que es tener que tocar los platos sucios. En su opinión, estás favoreciendo al otro «porque todo lo que tiene que hacer es poner la mesa».

Veo a muchos niños descontentos con la distribución de las tareas de la casa. Si tu hijo se queja de las «tareas», explícale por qué has elegido ese trabajo para él y haz que comprenda que todos tenéis que hacer algo para que la casa funcione bien. ¿Qué tarea preferiría hacer? Dale una lista de ellas para que elija la que más le gusta: pasar la aspiradora, limpiar su cuarto, fregar el suelo, hacer la cena, planchar, etcétera. Probablemente decida que la tarea que le habías asignado es la mejor. Eso sí, ¡no le dejes decidir lo que hace el resto de sus hermanos!

Comparaciones entre los hijos

Es fácil hacer comparaciones entre nuestros hijos y pueden salirnos de forma involuntaria, porque tienen cualidades, debilidades y personalidades distintas. Cuando advertimos que uno de ellos se comporta mejor o se le da algo mejor que a sus hermanos, aunque no lleguemos a decir: «Eres mucho más listo que tu hermana», es posible que nos salga un comentario como: «¿Por qué no te parecerás un poco a tu hermano/a?». A los niños no les sientan bien las comparaciones, les pueden mellar la autoestima y generar rivalidad fraternal. Si quieres que uno de tus hijos actúe como el otro, podrías decir algo como: «Me gustaría que te sentaras bien a la mesa, como Fredy», en lugar de «¡¿Por qué no te sientas como Fredy?!».

Está claro que los niños quieren ser tan buenos como sus hermanos o hermanas; especialmente los pequeños, que se fijan en los mayores y quieren emularlos. Tenga la edad que tenga, a un niño le puede doler cuando no se siente tan valorado como sus hermanos.

Es importante no hacer comparaciones entre nuestros hijos, porque queremos a todos por igual. Si tu hijo se siente menos querido, trata de evitar compararlo con sus hermanos y recuérdale que es único. Las comparaciones pueden hacer que tu hijo sienta que no puede competir con el maravilloso comportamiento de su hermano y por ello se comporte de manera contraria para llamar tu atención.

La rivalidad fraternal puede generar mucho alboroto, y a los niños no les gusta pelearse esencialmente porque saben las consecuencias de lo que va a ocurrir si no hacen las paces o alguien se hace daño. Si somos capaces de darles las herramientas necesarias para pararse, pensar y comprender por qué están disgustados, será un gran paso para evitar las peleas.

¿Por qué motivos se pelean tus hijos? ¿Hay alguna área concreta en la que les puedas ayudar a trabajar?

Buscar una solución para la rivalidad fraternal

Los niños siempre van a sentir celos de algo que tenga su hermano o creerán que de algún modo se ha cometido una injusticia. Como padres, podemos ayudarlos a solventar esa rivalidad o a mantenerla controlada, mostrándoles cómo llevarse mejor. Somos ejemplos para nuestros hijos y pueden ver y aprender de todo lo que hacemos. Si resolvemos nuestros problemas en casa de manera respetuosa, civilizada y serena, es probable que nuestros hijos hagan lo mismo. Si por el contrario los resolvemos a base de golpes, peleas y gritos, harán otro tanto. ¿Qué debemos hacer para demostrar a nuestros hijos que cuando queremos lo que tiene otra persona debemos pedírselo y cuando queremos que nos traten justamente tenemos que pedir que se nos dé lo mismo que a los demás?

En mi opinión, en lo que se refiere a la rivalidad fraternal, todo niño quiere que sus padres lo salven: que papá o mamá intervenga y pare la pelea. Normalmente el hermano que está saliendo peor parado es el que quiere que intervengan para que mamá o papá lo consuele y quizá le dé aquello por lo que se estaba peleando. Separar a tus hijos cuando se están peleando es lo más fácil, pero no les enseñará a resolver conflictos.

Los niños tienen que librar sus propias batallas sin que nadie lo haga por ellos. Es bueno para su autoestima, y a lo largo de la vida se encontrarán momentos en los que no tendrán a mamá ni a papá para intervenir. Por ejemplo, si está en el patio y uno de sus compañeros no quiere compartir algo o recibe más atención de otro amigo, ¿se lo diría al profesor? Probablemente no, porque quedaría como un quejica.

Así pues, si tu hijo te pide ayuda para que pares las peleas con sus hermanos, ¿cómo puedes ayudarlo?

- Puedes empezar hablándole de lo enfadado que se siente por la situación en la que está con sus hermanos. ¿Podría intentar estar menos enfadado? Si lo hiciera, quizá sería más fácil resolver el problema o el desacuerdo.
- Puedes preguntarle si realmente es importante tener lo mismo que su hermano o si se están peleando

sin razón. ¿Qué otra vía podría buscar para conseguir lo que quiere sin conflicto? ¿De qué otra forma podría hacer que su hermano/a compartiera y fuera más justo?

- Puedes pedirle que piense en lo que dice y cómo se lo dice a su hermano/a, que se plantee cuál es la mejor manera de decirlo o cómo va a reaccionar el otro. Ahora bien, no es fácil y requiere práctica.

Billy tenía 7 años y vino a verme porque su madre creía que siempre se portaba mal con su hermano Tod y nunca le pedía las cosas amablemente. Por ejemplo, si Tod estaba mirando una revista que pertenecía a Billy mientras éste hacía otras cosas, Billy se la quitaba y decía: «¡Es mía, no puedes cogerla, devuélvemela!». Tod le decía que simplemente le estaba echando un vistazo y que si la quería sólo tenía que pedírsela, pero Billy se negaba a pedirla por las buenas y la conversación derivaba en pelea. Entonces Billy empezaba a decir cosas desagradables a su hermano y Tod se disgustaba. Su madre quería que pararan de «pelearse sin razón» y creía que Billy necesitaba aprender a pedir las cosas cuando quisiera algo.

Billy y yo estuvimos hablando de la importancia de pedir las cosas y de lo bueno que es compartir. Hicimos un juego de roles y practicamos con frases que podía decir para que le dieran sus cosas y para ver qué fórmula funcionaba mejor. Billy decidió que pidiendo las cosas de forma serena, diciendo siempre «por favor» y con frases como: «Te dejo que la leas pero cuando termines dámela, por favor», su hermano respondería bien, y a pesar de que le costaba dejar sus pertenencias estaba dispuesto a probarlo. La próxima vez que su hermano tuviera algo que él quisiera se lo pediría. Varias semanas más tarde tuvimos otra sesión y Billy dijo que su nueva postura estaba funcionando.

- También puedes enseñar a tu hijo a negociar. Por ejemplo, puedes intentarlo cuando todos tus hijos quieren hacer lo mismo al mismo tiempo, como jugar al ordenador. Si negocian y deciden cuánto tiempo tiene cada uno, sentirán que se hace justicia, especialmente si utilizan un cronómetro y van controlando el tiempo. Cuando suene la alarma, tanto ellos como tú sabréis que toca cambio de jugador, pues no hay manera de engañar al cronómetro.

- Puedes ayudarlos haciéndoles pensar en otras maneras de evitar la pelea. Pregúntales cuándo les gustaría probar esas alternativas. ¿Por qué no ya? Averigua también cuándo les gustaría que intervinieras. ¿En el momento en que se empiezan a hacer daño o cuando la situación empieza a asustarlos?

La herramienta que hay que utilizar

Herramienta para la rivalidad fraternal:

1. Cuando tus hijos se pelean y quieren que intervengas, hazlo.
2. Diles tranquilamente: «A ver, ¿qué ocurre?».
3. Sepáralos si es necesario y haz que se tranquilicen.
4. Explícales que no vas a ponerte de ningún lado pero que te gustaría saber qué está pasando. Es posible que tengas que mantenerlos separados durante un rato, quizá ponerlos en cuartos distintos hasta que se tranquilicen y sean capaces de hablar de lo ocurrido.
5. Una vez que estén tranquilos, pregúntales por separado por qué empezó la pelea y qué quería cada uno. ¿Por qué ocurrió? ¿Qué podría hacer ahora para resolver el problema? ¿Qué sería lo más justo?
6. Escucha las sugerencias de tus hijos y, una vez juntos y sentados, enuméralas.
7. Pide a ambos que elijan la sugerencia que les parezca mejor. Es posible que elijan sugerencias distintas. En tal caso acepta las dos.
8. Anímalos a intercambiar papeles o habla de lo que van a hacer o lo que deberían haber hecho en lugar de pelearse. Haz que se hablen con respeto el uno al otro.

Mi hijo quiere ser astronauta

Conozco a mis hijos y seguro que en cuanto empezáramos a jugar a los roles se echarían a reír o uno de ellos cedería.

Estas ideas son útiles cuando el problema es compartir, pero ¿si se trata de un problema de atención o de recibir un trato distinto?

Una de las formas para que tus hijos entiendan por qué les tratas de manera diferente es que se pongan uno enfrente del otro y se miren sin echarse a reír. Pide que cada uno haga un comentario sobre el otro, como: «Es más alto que yo» o «Ella es más graciosa» o «Le gusta ordenar» y haz que reconozcan que no son iguales de aspecto, ni tienen la misma edad y son capaces de hacer cosas diferentes. También podrías incluir el tema de las necesidades y los gustos. Uno tiene más deberes que los otros, a uno le gusta el fútbol o tocar el piano, uno es capaz de vestirse solo, tiene más paga porque con ella compra su ropa o puede utilizar Facebook porque tiene más de 13 años. Aclárales que cuando tengan la edad de su hermano o hermana mayor, también podrán tener lo que ellos tienen ahora. Podrías ir anotando cuándo permites que tu hijo mayor tenga teléfono móvil o salga con sus amigos de día para no olvidarte con el tiempo.

Tener su propio espacio

Otro problema que puede provocar rivalidad fraternal es el espacio. Si tu hijo se siente invadido y quiere quedarse hasta más tarde, leer en su habitación sin que lo interrumpan o ver un programa de televisión solo, es importante buscar la manera de que lo haga.

James se peleaba constantemente con su hermano por los juegos. El pequeño lo veía divirtiéndose con unos juguetes y le destrozaba el entretenimiento porque quería que jugara con él. James sólo quería un poco de espacio y tiempo para pasárselo bien con sus cosas sin tener la obligación de dejar jugar a su hermano. ¿Cómo podía resolver el problema? Nos fijamos en las horas en las que su hermano no estaba y nos planteamos si serían un buen momento para que jugara solo. James dijo que no lo creía. También se nos ocurrió que buscara algo que dar a su hermano para jugar o sugerirle cosas que podía hacer en su cuarto. Resultó que a su hermano lo que le gustaba era estar cerca de él y se sentía solo jugando por su cuenta. James no quería que su hermano estuviera triste, de modo que hicieron un pacto. Su hermano pequeño podría entretenerse en la habitación de James siempre y cuando llevara sus propios juguetes. Al pequeño le gustó la idea porque podría estar cerca de James y no se quedaría solo.

Para resolver la mayoría de peleas por rivalidad fraternal la solución es comprometerse, negociar y compartir. No es fácil respetar los deseos y el espacio de los

Mi hijo quiere ser astronauta

demás, pero se enseña fácilmente. Si a tu hijo le cuesta comprender que no puede tener acceso a todos los juguetes de sus hermanos, haz que imagine cómo se sentiría si alguno de ellos entrara en su habitación y se pusiera a jugar con sus cosas o si cogiera sus chucherías sin permiso. ¿A que le molestaría? Si de veras pueden meterse en la piel de los demás es posible que se hagan más reflexivos y considerados con sus hermanos. Lo mismo se aplica a la intimidad: tiene que haber una regla que diga que si uno de tus hijos quiere entrar en la habitación del otro debe preguntar antes de hacerlo.

Por último, como padres podemos asegurarnos de que nuestros hijos conocen las reglas de un comportamiento aceptable. ¿Saben que no se puede insultar, gritar, pegar, tirar cosas...? La rivalidad fraternal no desaparece, pero sí puede mejorar.

Reglas

Redacta las reglas y ponlas en un lugar prominente —en la puerta de la nevera o de algún armario— donde todos las puedan ver. Sugiere a tus hijos que añadan alguna regla y discutid las consecuencias de infringirlas. Podrías incluso hacer reuniones familiares de vez en cuando para discutir los asuntos entre hermanos y pensar en nuevas formas para ayudarlos a llevarse mejor.

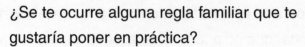

¿Se te ocurre alguna regla familiar que te gustaría poner en práctica?

Rivalidad entre hermanos y hermanastros

Cuando dos familias que provienen de matrimonios divorciados o enviudados se unen y los niños se ven obligados a vivir juntos de forma permanente o temporal, el ambiente familiar puede ser más difícil. A algunos niños les puede costar adaptar sus necesidades y sus deseos a los de otros, y se tienen que adaptar a la manera en la que los otros niños han sido educados, pues a menudo se encuentran con que las reglas que se aplican a sus hermanastros son distintas a las de ellos y sus hermanos de sangre.

Hace unos años estuve viendo a una familia que se había formado a partir de dos matrimonios anteriores, cada uno con una hija. Hablé con las dos niñas por separado y ambas querían cambiar la manera en la que se trataba a la otra. Las reglas y los límites eran distintos para cada una: a una le dejaban quedarse hasta tarde mientras que la otra se tenía que ir a la cama temprano. Habían entrado en una dinámica de peleas por la hora de acostarse, por el tiempo que pasaban con su padre natural y porque la primera sentía que su hermanastra no respetaba su intimidad. Discutimos lo que cada una quería y en función de eso diseñamos un plan.

La primera quería que se les aplicara las mismas reglas a las dos, de manera que le pedí que pensara en unas cuantas que considerara necesarias. Luego pedí a la otra niña que hiciera lo mismo.

Las reglas que sugirió la primera niña eran éstas:

- Que mi hermanastra no entre en mi habitación cuando no estoy dentro.
- Que tengamos la misma hora de acostarnos.
- Que tengamos la misma paga.
- Pasar con mamá la misma cantidad de tiempo que mi hermanastra pasa con papá.

La segunda niña sugirió las siguientes reglas:

- Que me dejen comer galletas y patatas fritas los fines de semana como a mi hermanastra.
- Seguir quedándome despierta para ver a papá cuando vuelve tarde del trabajo.
- Que me dejen utilizar el ordenador todos los días después de terminar los deberes.

Cogí las reglas sugeridas por ambas niñas y se las mostré a sus padres diciendo: «Esto es lo que a vuestras hijas les gustaría que pasara en vuestra casa. Por favor, echadles un vistazo para ver cuáles podríais introducir». Hicieron una reunión familiar y las reglas aceptadas se pusieron a la vista de todos en la cocina.

Por último, los niños quieren y necesitan aprender a resolver conflictos por sí solos. Es una habilidad que podrán utilizar más adelante tanto en sus relaciones personales como en el entorno laboral. Poniendo en práctica medidas tan sencillas como las que acabo de exponer, también aprenderán acerca de las necesidades de los demás, desarrollarán la capacidad de escuchar y comprenderán las consecuencias que pueden tener sus actos sobre otros niños.

Lo que vas a necesitar

La rivalidad entre hermanos es normal y saludable.

Pasa tiempo a solas con tu hijo cada día dentro de la medida de lo posible.

Enseña a tus hijos a compartir y negociar.

Explícales por qué a veces tienes que tratarlos de manera distinta.

No te metas en sus discusiones demasiado pronto.

Enseña a tus hijos a respetar el espacio y la propiedad de los demás.

8

Cómo ayudar a tu hijo a superar una ruptura familiar

«Pase lo que pase en la calle, en casa siempre debería haber paz».

Isaac Watts

Separación parental

Cuando un matrimonio se separa los hijos pueden atravesar un momento realmente traumático. Les puede parecer como si su mundo, la seguridad y la estabilidad que siempre habían tenido desapareciera de repente. Tener que hacerse a la idea de vivir con un padre en lugar de los dos como estaban acostumbrados es una experiencia emocional muy intensa en la que les inundan muchas emociones muy distintas al mismo tiempo. Puede preocuparles que sus padres ya no les quieran, se pueden sentir abandonados, inquietos, asustados e inseguros. Incluso pueden sentir que todo lo que ocurre es culpa suya.

En este capítulo quiero hablar de algunos de los miedos y de las preocupaciones que tienen los niños. Dado que no es posible abarcarlos todos, me centraré en los más importantes que me consultan ellos mismos y os daré consejos prácticos sobre lo que decir a vuestros hijos en cada caso. En todos los ejemplos y frases que aparecen en este capítulo he asumido que los padres no se han separado por abuso físico y que cualquiera de los progenitores pudo tomar la decisión de romper el matrimonio o la relación.

Hablar de ello

Una de las cosas más importantes que debes hacer cuando te separas de tu pareja es sentarte a hablar con tu hijo. Es posible que ya sea difícil normalmente conseguir que diga cómo se siente, pero cuando atraviesas una separación parental se complica aún más, especialmente si tu hijo cree que la ruptura es por tu culpa. Los niños necesitan comunicar sus sentimientos sobre la situación para que los ayudes a gestionarlos y a comprenderlos. Su vida está atravesando muchos cambios.

Tus hijos se sentirán más capaces de abrirse a ti si pasas tiempo con ellos.

La herramienta que hay que utilizar

Herramienta para hablar de ello:

1. Busca tiempo para hablar con tu hijo a solas; podría ser durante un trayecto en coche o mientras haces la cena.
2. Hablad de lo que piensa y siente, reconoce sus opiniones y sus sentimientos, y pregúntale qué provoca cada uno de esos sentimientos. ¿Podríais hacer juntos que ese sentimiento desapareciera? ¿Qué podrías hacer como padre para ayudarlo? ¿Cuáles son sus mayores miedos? ¿Qué necesita de ti?
3. Comparte alguno de tus sentimientos con tu hijo para que vea que tú también tienes sentimientos acerca de la separación.

4. Utiliza palabras como: «Me da pena que papá y yo ya no podamos vivir juntos» o «Siempre te vamos a querer y cuidar para que estés bien».
5. Explícale que este cambio afecta a todos los integrantes de la familia y que juntos aprenderéis a adaptaros a esta nueva situación.

En el capítulo 6 ofrezco algunas sugerencias más detalladas para hablar sobre los miedos y las formas de ayudar a tu hijo a sobrellevarlos.

Este tiempo dedicado a tu hijo puede incluir lecturas. Muéstrale libros acerca de rupturas familiares para que aprenda lo que puede esperar cuando algo así ocurre. Si tu hijo aún no lee bien, busca algún libro ilustrado y hablad de lo que ve en los dibujos mientras le lees la historia. Hay muchos libros para todas las edades en bibliotecas y librerías que tratan sobre lo que un niño puede esperar cuando sus padres se separan. Los libros te pueden ayudar a acercar a tu hijo a la situación y a que entienda que no es la primera persona que atraviesa por esos cambios vitales. Que les ha pasado a otros y que están bien.

Tu hijo querrá entender lo que sucede. Probablemente te haga muchas preguntas y es posible que las repita una y otra vez hasta comprender la situación. Al contestarle no es necesario que le des un informe detallado del porqué de la ruptura ni digas de quién fue la culpa. Sencillamente dale la información suficiente para que comprenda lo que ocurre. Por ejemplo: «Mamá y papá no se llevan muy bien. Seguro que nos has oído discutir. Todos queremos ser felices y mamá y papá sienten que no lo son viviendo en la misma casa, por eso papá/mamá ha decidido irse a vivir a otro sitio. Vivirá muy cerquita, y seguirás viéndolo/a y pasando tiempo con él/ella; simplemente no vivirá en casa». Otra forma de explicarlo es decir: «Mamá y papá eran muy jóvenes cuando se enamoraron y al hacernos mayores nos hemos dado cuenta de que hemos cambiado y de alguna manera no estamos igual de enamorados. No hemos dejado de quererte, siempre lo haremos, pero papá/mamá y yo hemos decidido entre los dos que seremos más felices si no vivimos juntos».

Cuando hables con tu hijo utiliza un lenguaje adecuado para su edad. Puede que los ejemplos anteriores no vayan bien con un niño que ha vivido conscientemente la separación y comprende mejor la complejidad de las relaciones. En mi opinión todo niño debería saber que sus padres han intentado arreglar las cosas para que más adelante valore lo importante que es trabajar sobre una relación cuando no funciona y que dejarlo no es una opción que deba tomarse a la ligera.

¿De quién es la culpa?

Los niños pueden creer que la separación es por su culpa a menos que les digas lo contrario, ¡así que díselo! Como dije más arriba, si les das la información que necesitan comprenderán que no es culpa suya.

Callum había experimentado bastante ansiedad y había tenido problemas en el colegio, hasta el punto de que llamaron a su madre y a su padre para discutir su comportamiento. El niño se llevó un disgusto enorme al saber que habían llamado a sus padres y cambió de actitud. Sin embargo, cuando unas semanas más tarde sus padres le dijeron que se iban a separar, Callum creyó que era por su culpa, que él había hecho que se separaran. Pensaba que si se hubiera portado mejor en el colegio quizá no se habrían separado. Después de hablar de pensamiento irracional en la sesión, decidió decirle a su madre que creía que él era el culpable de la ruptura. Para ella fue un alivio verle admitir sus sentimientos y le explicó que las dos situaciones simplemente habían ocurrido al mismo tiempo. Le dijo que ella y su padre llevaban tiempo sin entenderse y que ya no eran felices viviendo juntos. Su explicación fue de gran ayuda para Callum.

La situación de Sarah era algo distinta. Sus padres llevaban tiempo peleándose constantemente y decidieron que él se fuera de casa en una separación de prueba. Para que los niños no estuvieran en el momento en que el padre se marchara Sarah y su hermano se quedaron en casa de unos amigos un sábado por la noche. Así, papá podría llevarse algunas cosas de la casa sin que se dieran cuenta y sin que hubiera un aluvión de preguntas por parte de los niños. Así pues, Sarah se despidió de sus padres y se fue a casa de su amiga mientras su madre pasaba una velada bastante estresante «trasladando a papá».

Cuando Sarah volvió al día siguiente, su madre le explicó por qué papá ya no estaba en casa. Sarah no podía entender que en veinticuatro horas hubiera disfrutado durmiendo en casa de su amiga mientras su padre se marchaba de la casa familiar. ¿Qué significaba eso? Sí, sabía que papá y mamá habían estado discutiendo, pero ¿por qué se marchó tan rápido papá y mientras ella no estaba? ¿Qué habían hecho ella y su hermano? Su madre le explicó que papá prefería irse dejando un sabor de boca positivo y que ésa era la manera que papá y mamá creían sería más fácil para Sarah y para su hermano. La niña no estaba de acuerdo y decía que hubiera preferido despedirse de su padre. Ella y yo trabajamos muchos temas relacionados con la separación de sus padres, esencialmente para que tuviera más perspectiva de lo que estaba ocurriendo en sus vidas y por qué.

¿Qué le va a pasar a tu hijo?

Siempre que hables de la separación tranquiliza a tu hijo asegurándole que todos los integrantes de la familia estáis atravesando juntos ese cambio drástico en vuestras vidas y que vais a intentar que su vida sea lo más parecida a lo que está acostumbrado. Eso significa que siga en el mismo colegio, que continúe haciendo las mismas actividades extraescolares, etcétera, y debes animarlo a hacer lo que ha hecho siempre en la medida de lo posible. Evidentemente, tendrá que haber algunos cambios, como que vivirá con uno de sus padres y verá al otro en otros momentos, pero con un poco de suerte la estabilidad de asistir regularmente al colegio y estar rodeado de amigos no cambiarán.

En algunos casos extremos ambos padres tienen que cambiar de residencia y el hijo, independientemente de con quién se quede, se ve obligado a separarse de sus amigos. Los amigos desempeñan un papel importante en su seguridad, de modo que es esencial que se sigan viendo. Tus hijos querrán y necesitarán pasar tiempo con sus amigos, igual que lo necesitáis vosotros. Si tu hijo dice que se siente solo y le preocupa perder el contacto con sus amigos, pregúntale cómo le gustaría mantener la relación con ellos, o qué preferirían sus amigos. Plantéale la posibilidad de ir a ver a sus viejos amigos y sugiérele que puede ser buen momento para utilizar redes sociales como Facebook, el correo electrónico, el MSN, Skype y mensajes telefónicos para seguir en contacto, siempre que sea adecuado. Todas ellas son formas baratas y eficaces de alimentar viejas amistades y puede que sea un consuelo para tu hijo saber que puede buscar la ayuda, el consejo o la compañía de sus amigos con sólo pulsar una tecla.

Sentimientos

A algunos niños les preocupa la situación y lo que va a suceder hasta el punto de generarles ansiedad y estrés. Si notas que tu hijo está preocupado o directamente lo dice, habladlo. ¿Se le ocurre qué podría hacer para sentirse menos angustiado o preocupado?

> Planteé esta pregunta a una niña de 9 años llamada Charlie, y entre las dos se nos ocurrieron unas cuantas buenas ideas.
> - Hacer ejercicio. Decía que a menudo saltar en la cama elástica o correr por el jardín le hacía sentirse mejor. Le pregunté por qué y Charlie contestó que le daba la oportunidad de pensar en la situación. El ejercicio es una excelente forma de soltar el estrés, y puede ayudar a los niños a pro-

cesar sus pensamientos y alejar sentimientos negativos.

- Relajarse. Charlie decía que le gustaba ver la tele para relajarse porque le hacía pensar en otra cosa. Le sugerí que pensara en otras formas de relajarse, y se le ocurrió escuchar música o hacer manualidades. Le hablé de las técnicas de relajación y la visualización, y le parecieron bastante interesantes, pero dijo que tendríamos que probarlas antes.

Si tu hijo está dispuesto a probar alguna técnica de relajación, puedes ver ejemplos en el capítulo 7.

- Escribirlo. Si Charlie escribía sus preocupaciones en un cuaderno, se quedarían sobre el papel y no en la cabeza. (De verdad puede funcionar, especialmente si le dices a tu hijo que eso es lo que ocurre si lo hace). Ya que a Charlie le gustaba ser creativa, le sugerí también que hiciera dibujos de cómo se sentía.

Es posible que tu hijo no quiera hablarte de todo lo que siente, especialmente si te concierne, y escribirlo o dibujarlo es un vehículo más agradable. Incluso puede tener un cuaderno y guardar sus dibujos en algún lugar seguro donde no puedas encontrarlos. En mi opinión, dar a los niños el control para que tengan un diario y lo guarden en un lugar secreto puede hacerles sentir mejor y más fuertes, especialmente en estos casos.

- Hablar. Charlie sugirió que si hablaba con alguien acerca de sus sentimientos estaría menos angustiada. El hecho de hablar conmigo ya le hacía sentirse mejor porque podía decir lo que quisiera y todos esos pensamientos y sentimientos se quedarían a salvo en mi casa.

  Si sabes que tu hijo es infeliz y se niega a hablar contigo (puede hasta que seas «el malo»), dile lo bien que viene charlar con alguien en quien confíe sobre sus sentimientos, ya sea su profesor, un amigo de la familia, un terapeuta o un tutor. Los niños tienen sentimientos muy intensos y no deberían cargar con todo el peso de algunos de ellos. Creo firmemente que un problema compartido es un problema dividido.

- Averiguar cómo otros superaron la situación. Sugerí a Charlie la posibilidad de hablar con algún compañero de clase cuyos padres hubieran atravesado algo parecido para compartir la experiencia de la separación. Podía preguntar a su compañero cómo se sentía cuando se separaron sus padres, qué hizo, con quién habló y cómo es su vida ahora.

Después de discutir y apuntar todas estas sugerencias Charlie decidió probar por una parte la idea del diario y por otra, cuando estuviera estresada, salir al jardín a correr, e incluso a dar patadas a un balón para rebajar la tensión.

¿Qué ideas sugerirías a tu hijo para que no se preocupe ni se estrese tanto?

Parte del estrés que angustia a los niños puede no ser solamente por sí mismos, sino por sus seres queridos. Es posible que le preocupes tú y cómo lo sobrellevas. Es posible que le preocupe que papá o mamá se sienta solo y no tenga nada que hacer cuando no está en casa. Los niños son muy perceptivos y notan cómo te sientes con gran facilidad, en tu tono de voz o tu humor, por poner un ejemplo. Evidentemente, tienes derecho a estar triste o pensativo —pero presta atención a lo que dices, cómo lo dices y lo que haces cuando estás cerca de tus hijos—. En esos momentos es mejor estar fuerte que llorar y darles la impresión de que no quieres levantarte, vestirte y estar allí para lo que necesiten.

Si tu hijo piensa que estás solo, se sentirá culpable y triste y querrá cuidar de ti «como un padre», invirtiendo los papeles. Si te pregunta si te sientes solo, dile que no y explícale que cuando no estáis juntos tienes muchas cosas que hacer. Háblale de todas esas tareas y actividades.

Dinero

En la mayoría de las separaciones es inevitable que uno de los progenitores acabe viviendo en una casa más pequeña. Algunos tienen que alquilar o incluso compartir casa porque los trámites de divorcio pueden ser muy caros. En esos casos es probable que a tu hijo le preocupe que uno de vosotros tenga que vivir en un espacio menor mientras que el otro se queda en la casa familiar. Si te hace preguntas sobre la reorganización explícale que cuando vivíais juntos todo el dinero que entraba en casa iba a cubrir la hipoteca, las facturas, la comida, y hacer planes divertidos para todos, y ahora el dinero se tiene que dividir en dos.

Si trata de imaginar una casa dividida en dos mitades —¿cuántas habitaciones tendría y cuánto espacio de «estar» habría? —, si comprende que la mitad de la casa es dos habitaciones, una sala «de estar» y medio jardín, será más fácil que entienda que eso es todo cuanto puedes permitirte comprar o alquilar con el dinero que tienes cuando te separas. Todo esto hace que la situación tenga más sentido para tu hijo, pero cuando se da cuenta de que un padre sigue viviendo en la casa familiar y el otro se va a un espacio mucho menor volverá a parecerle incomprensible.

Entonces ¿cómo explicar que mamá o papá se haya quedado con la casa mientras que el otro se va a vivir a una vivienda menos «digna» de la que tenía? No es fácil de explicar, pues cada «separación parental» es distinta. Digas lo que digas, tu hijo pensará que es injusto. En mi opinión la mejor forma de plantearlo es decir que la decisión de dónde vivirían mamá y papá la tomasteis entre los dos y que quien se haya mudado a una casa más pequeña lo ha elegido así. No le sugieras que fue idea del otro.

Una de las situaciones más frustrantes derivadas de las separaciones es cuando los niños van a visitar al progenitor que vive en una casa más humilde. Durante las sesiones de coaching varios niños me han dicho lo siguiente: «Quiero más espacio para mi ropa y para mis juguetes» o «No quiero tener que dormir en el salón o tener que compartir una habitación con mis hermanos». También confiesan que temen pedir más espacio o un sitio mejor donde dormir a papá o mamá porque saben que no disponen de él.

Hay muchas cosas que los niños no se atreven a preguntar a sus padres acerca de la separación porque no quieren disgustarlos. A algunos les preocupa las condiciones en las que vives y si tienes suficiente dinero para comer, si hay suficiente comida para los dos cuando viene a visitarte, o si tienes suficiente para pagar las facturas y hacer cosas juntos. Incluso pueden llegar a ofrecerte dinero para que no pases hambre. No te lo tomes como una ofensa, sólo intentan ayudar.

Asegúrales que tienes dinero suficiente para las cosas básicas aunque quizá no podáis salir a cenar cada vez que vengan a tu casa. Explícales que más allá de la separación los padres siempre atraviesan momentos en los que tienen poco dinero por tener que cumplir con otras prioridades, como el alquiler, los recibos, la gasolina, etcétera. A menos que les hables de estas prioridades, no comprenderán por qué no hacéis algo fabuloso cada vez que os veis. Si les explicas cuánto dinero se necesita para cada cosa, también aprenderán acerca de la responsabilidad y del valor del dinero. Podrías plantear una conversación como ésta: «Ahora que mamá y papá ya no viven juntos los dos tenemos menos dinero. Con mi dinero tengo que pagar el alquiler, los recibos, la comida, etcétera y le tengo que dar un poco de dinero a mamá/papá para que tengas uniforme, comida y dinero para las excursiones con el cole. Si te diera 100 euros y tuvieras que pagar 50 de alquiler, 15 de recibos, 10 de comida y 10 para mamá o papá, ¿cuánto te quedaría y en qué te gustaría gastarlo?». Me pregunto cuál sería su respuesta.

A un niño le puede costar hacerse a la idea de que sus padres vivan separados, de modo que es importante que le dejéis claro que esta nueva organización se convertirá en la vida normal. Cada vez que se queda con el otro padre no se trata de unas vacaciones o una ocasión especial, así que no debería esperar regalos o excursiones. Al fin y al cabo, probablemente tampoco fueran al parque de atracciones todos los fines de semana cuando sus padres estaban juntos.

Reglas nuevas

Otro tema que genera gran frustración a los niños es el cambio de las reglas. Es muy posible que después de que papá o mamá se vaya de casa las reglas cambien. Es posible que algunas sean más estrictas o más laxas. Quizá mamá siga siendo estricta y papá decida tirar las reglas por la ventana.

Sin embargo, por mucho que detesten las reglas, los niños saben que son buenas para ellos. Ahora bien, tener dos conjuntos de reglas distintos puede resultar confuso para algunos niños. Por ejemplo, si el otro padre le deja quedarse hasta tarde los viernes y los sábados, y al fin de semana siguiente tiene que acostarse como siempre a las ocho con el otro padre, lo más probable es que proteste, y casi siempre contra el que no les deja quedarse hasta tarde.

Dentro de la medida de lo posible intentad acordar una serie de reglas comunes y sólidas entre ambos. Las horas de acostarse y lo que pueden y no pueden comer son dos buenos ejemplos, y dos de los que más se quejan los niños que vienen a verme. Si decides ser más estricto, discute las nuevas reglas con tu hijo para que comprenda que tiene que cumplirlas y dale algún tiempo para adaptarse. Es posible que de vez en cuando las olvide. Si es así, recuérdaselo amablemente diciendo «Reglas nuevas» o «No en esta casa».

A los niños les gusta la idea de participar en las decisiones sobre nuevas reglas, así que podrías preguntarle qué reglas le gustaría introducir. También les gusta formar parte de los cambios que se van a producir en su estilo de vida y en las visitas parentales. Aunque seamos los adultos quienes tenemos la última palabra, los niños se sienten valorados cuando se les escucha y se tienen en cuenta sus deseos. Es posible que a tu hijo le apetezca pasar todos los fines de semana con su madre o su padre en lugar de alternarlos, o quizá le gustaría quedarse a dormir en su casa los miércoles por la noche cuando haya plan de dormir en casa de algún amigo el sábado. ¿Podrías ser flexible?

Lo mismo ocurre con las decisiones. Los niños se sienten más seguros si les permitimos que tomen algunas decisiones y les damos a elegir. Al darles una opción sobre lo que quieren comer, vestir o hacer con su paga les haremos sentir que tienen cierto control sobre su vida, lo cual ayuda a vencer su sentimiento de impotencia. Se sienten impotentes porque saben que no pueden hacer nada para que su familia vuelva a unirse, pero a menudo creen que es posible que suceda algún día y se aferran a esa idea.

La separación puede ser definitiva

¿Qué hacer cuando tu hijo no deja de preguntarte cuándo va a volver su padre o su madre a casa? Es una cuestión difícil, especialmente cuando sabes que sólo hay una respuesta: que no va a volver. Evidentemente, tu hijo no se da cuenta de que la separación es definitiva y por ello creo importante hacerle una serie de preguntas para que empiece a pensar que el hecho de que mamá y papá no estén juntos es una realidad. Por ejemplo, le preguntaría: «¿Qué crees que pasaría si siguiéramos juntos? ¿Te gustaría que estuviéramos tristes o enfadados el uno con el otro, y que no fuéramos felices? Cuando no estábamos "bien", ¿te apetecía estar en casa? ¿Cómo te sentías cuando nos oías discutir o gritar porque ya no queremos vivir juntos?». Haz que visualice una situación ruidosa, tensa y cargada de gritos y pregúntale cómo se siente. Luego dile que piense en mamá y en papá viviendo en casas distintas, y en volver del cole a una y otra casa, con un ambiente ya tranquilo, etcétera. ¿Cómo se siente ahora? Hablad de la sensación que le producen ambas situaciones. Estoy segura de que preferirán la segunda a pesar del dolor que están atravesando.

Ellen quería que sus padres volvieran a estar juntos. No podía comprender por qué no eran capaces de arreglar las cosas. Después de todo, cuando ella y sus amigas se enfadaban, se disculpaban y la relación volvía a su cauce. Si ella era capaz de superar las peleas con sus amigas, estaba segura de que sus padres podían hacerlo también. Ellen sentía una enorme necesidad de saber por qué se habían separado sus padres y por qué tenían que vivir separados permanentemente. Quería oírlo de boca de ambos, de modo que sugerí a su padre y a su madre que lo hablaran con ella juntos. Antes de tener esta conversación propuse a Ellen hacer una lista de preguntas que le gustaría hacer a sus padres mientras los tenía en la misma habitación. Le pareció una buena idea. Aquella conversación con sus padres le dio una tranquilidad muy necesaria pues obtuvo todas las respuestas que no le habían dado hasta la fecha.

El «traspaso» de un padre a otro

Aunque puede que tus hijos no te hablen de ello, a menudo se sienten extraños e inseguros cuando pasan de estar con un padre a quedarse con el otro. Quieren que la transición sea suave y con expresiones civilizadas, pero a veces acaban oyendo cosas que no deberían oír. Si vais a hablar de lo que ha ocurrido durante la visita, los niños prefieren que lo hagáis después del traspaso y no cuando lo pueden oír. Si bajáis la voz, murmuráis o le pedís que salga de la habitación para poder hablar de cómo fue el fin de semana, puede sentirse incómodo y como si estuvierais ocultándole algo.

Cuando os reunís para pasar a tu hijo de un padre a otro, imagina cómo se siente al despedirse de uno y saludar al otro. Veros juntos probablemente lo entristecerá, pero si os comportáis de manera civilizada en presencia del otro al menos suavizaréis el golpe.

¿Qué podrías hacer para suavizar el traspaso de tu hijo de unas manos a otras?

Entre dos fuegos

¿Dónde deposita un niño su lealtad cuando se trata de papá o mamá? No deberían tener que elegir de qué lado ponerse, pero a veces acaban haciéndolo por lo que uno de sus progenitores dice o hace; por ejemplo, si uno de ellos ha tenido una aventura o ha abusado verbalmente del otro en repetidas ocasiones.

Al tratar de hacer que tu hijo se ponga de tu parte o ponerlo en contra del otro intencionadamente lo dejas en medio de una disputa entre adultos, y ése no es el lugar donde quiere estar. Los niños normalmente quieren agradar tanto a su padre como a su madre y ser leales a ambos, así que no le hagas elegir.

Es muy tentador decir a tu hijo: «Qué ganas de que se acabe el divorcio para no tener que hablar con tu padre/madre nunca más» o quejarte del otro progenitor por algo que haya hecho, pero no lo hagas, porque tu hijo no lo quiere oír —simplemente no le interesa—. También es tentador hacer preguntas a tu hijo sobre lo que el otro está haciendo con su vida, o sonsacarle con quién está mejor. Si sientes que le vas a hacer una pregunta de este tipo, detente. Céntrate en lo que haces con tu propia vida y cuando esté bajo tu custodia dedícate a tu hijo y a la actividad que hacéis juntos.

A Daisy no le gustaba volver de casa de su padre después del fin de semana porque su madre la bombardeaba con preguntas acerca de lo que había hecho, lo que había comido, a quién había visto y lo que le había comprado su padre. Daisy se lo contaba todo pero se sentía mal por pasárselo tan bien con su padre. Quería ser sincera y no disgustar a su madre pero ésta no dejaba de sonsacarla; ¿qué otra cosa podía hacer? Le pregunté a Daisy si creía que habría alguna manera de cambiar la situación para no sentirse incómoda hablando del tiempo que pasaba con su padre. Dijo: «Sí, me gustaría decirle a mamá que no me haga preguntas y contárselo yo sin más, lo que quiera contarle». Hablamos con su madre y acordaron probar esta idea en el futuro.

Los niños no disfrutan si están en situaciones incómodas. Piensa en lo que dices a tu hijo y pregúntate si deberías hacerlo. «¿Debería hacerle esta pregunta? ¿Estoy siendo justo con él?». Tienes que ser neutral y evitar juzgar al otro padre cuando tu hijo te pregunta sobre él o ella.

Haz un esfuerzo y céntrate en lo que tu hijo necesita escuchar para seguir respetando a su otro progenitor. Por ejemplo: «Papá no debería haber hecho eso, pero te lo pasaste bien, así que olvidémoslo», en lugar de: «Tu padre no tiene la menor idea de cómo cuidar de ti».

Otra forma de poner a tu hijo entre dos fuegos es utilizarlo para transmitir mensajes entre los dos para no tener que hablar directamente con el otro. Un niño pequeño es probable que se muestre dispuesto a hacerlo porque querrá complacer a su padre/madre entregando el mensaje y con ello sentirse importante, pero un niño algo mayor puede tomarse mal que su madre y su padre ni siquiera sean capaces de hablar entre sí.

Sin embargo, en la mayoría de los casos no le será agradable ejercer de mensajero y preferiría que os comunicarais directamente para que los mensajes lleguen con claridad y no puedan ser malinterpretados. Es una enorme responsabilidad para tu hijo recordar el mensaje entero y de forma correcta. Se parece un poco al teléfono estropeado, ese juego en el que un niño susurra algo al oído de otro y luego éste tiene que susurrar lo que ha entendido a otro niño. El mensaje a menudo acaba distorsionado. En mi opinión es mejor dejarlo solamente como un juego de niños.

Ni das buen ejemplo a tus hijos ni es justo obligarlo a llevar mensajes a tu ex porque te resulta incómodo o irritante hacerlo en persona. Además, tu hijo lo puede interpretar como que su otro padre es tal monstruo que no podéis hablar ni comunicaros de manera civilizada.

Siempre que sea posible, comunícate directamente con el otro progenitor acerca de los asuntos importantes relacionados con tu hijo, como cuándo lo va a ver, temas de salud o académicos. Si no puedes hablar con él o ella en un tono adecuado, hazlo por correo o mensajes. Trata de recordar que en el pasado os comunicasteis bien e intenta volver a hacerlo por el bien de tu hijo.

¿Qué puedes hacer de forma diferente —y realista— para que tu hijo no se vea utilizado como mensajero?

Familias reconstituidas

A un niño le puede resultar muy difícil hacerse a la unión de dos familias, especialmente cuando está acostumbrado a que la familia esté formada sólo por mamá/papá y los hermanos. No sólo se tiene que adaptar a que la nueva persona o personas formen parte del hogar, sino que puede acarrear la introducción de nuevas reglas o condiciones de convivencia. Los niños con los que he hablado de esta situación suelen encontrar especialmente difícil el hecho de que haya más reglas y tener que compartir a su padre o a sus hermanos con otros niños. Sin embargo, para otras familias reconstituidas, la experiencia es en realidad maravillosa —hay más niños con los que jugar y un nuevo padre que no tiene que nada que ver con su otro progenitor—. Puede ser un cambio de verdad estimulante. No me voy a centrar en los niños que aceptan sin problemas a su nueva familia porque no vienen a mi consulta. Esta sección se centrará en cómo ayudar a tu hijo si la vida dentro de la familia reconstituida le cuesta más de lo deseable.

Trabajé con una familia reconstituida cuyos hijos se sentían muy confundidos por las reglas de su «nuevo hogar». Les costaba llevarse bien entre sí porque los padres trataban de manera distinta a sus respectivos hijos y había reglas diferentes para las dos partes de la familia. En conclusión, me vi ante cuatro niños infelices. Les pregunté uno por uno cómo era la vida antes de empezar a vivir juntos. ¿Había reglas entonces? ¿Cuáles eran? ¿Qué reglas debían seguir ahora? ¿Con qué parte de las reglas actuales no estaban de acuerdo? También les pregunté qué necesitaban del padre biológico con el que vivían y qué querían que sucediera con el trato que recibían por parte de su madrastra/padrastro.

Todos ellos coincidieron en que además de tener las mismas reglas básicas necesitaban tener su propio espacio y que sus hermanastros lo respetaran. Querían que los trataran justamente y que ambos padres fueran igual de rigurosos. Otro tema que surgió en las sesiones fue que los niños no creían saber suficiente acerca de sus hermanastros y pensaban que eso podría ayudarlos con la situación. Sus padres habían empezado a vivir juntos bastante rápido y no habían tenido demasiado tiempo para conocer la personalidad de los otros.

Los niños necesitaban pasar tiempo con los demás y hablar de lo que les gustaba y lo que no, de sus aficiones en su tiempo libre y de sus intereses. También necesitaban comunicarse más para ir descubriendo qué tipo de personas eran: ¿se levantaban muy temprano?, ¿cuándo estaban especialmente de buen humor o malhumorados?, ¿cuánto espacio vital necesitaban?

Para aquellos niños que no estén acostumbrados a vivir con otros bajo el mismo techo este tipo de información es importante. Los animé a hablar entre ellos y se turnaron para decir cosas sobre sí mismos. El ejercicio les hizo tener una mejor idea de las necesidades y los deseos de los demás, lo cual ayudó a llevarse mejor entre todos.

Si crees que necesitas romper el hielo entre tus hijos y sus hermanastros para que se conozcan mejor hay otros ejercicios que puedes probar. Una posibilidad es sugerir que todos escriban un perfil de sí mismos en un trozo de papel, luego mezclarlos y que cada uno coja un papel y trate de adivinar quién es. Otra idea es que todos los niños escriban algo que les gusta de los demás y luego lo digan en voz alta. Recibir cumplidos de quien no lo esperamos es muy gratificante.

Cuando ya creían que se conocían algo mejor, los niños y yo empezamos a hablar de las reglas. Les pregunté en conjunto qué reglas les gustaría tener y las anotamos en una enorme hoja de papel. Después de escribirlas todas pedí a ambos padres que se unieran a las sesiones y nos sentamos como una familia para hablar de las reglas y negociar. La mayoría giraba en torno a la hora de acostarse, las tareas domésticas, el tiempo a solas con su padre natural, quién podía imponer disciplina sobre quién, castigos y premios. Teníamos que encontrar una serie de reglas viables y realistas que funcionaran para todos, sin quedar demasiado alejadas de la perspectiva de los niños que no estaban demasiado acostumbrados a la disciplina, ni tampoco ser demasiado laxas para los que estaban habituados a cierto rigor. La tarea nos llevó su tiempo, pero en unas semanas los niños empezaron a adaptarse a sus nuevas reglas y a su nueva familia.

Si formas parte de una familia reconstituida y notas que tu hijo se rebela contra formar parte de ella, habla con él y pregúntale qué le gustaría cambiar dentro de sus posibilidades. ¿Cree que está esforzándose lo suficiente con los «recién incorporados»? ¿Qué podría hacer para facilitar la vida de todos los demás?

En las familias reconstituidas surge mucha irritación, especialmente respecto a todo lo que rodea a las reglas. ¿Qué haces si tu hijo está acostumbrado a disfrutar de mucha libertad y ahora su padrastro o su madrastra no le deja ir en bici hasta casa de su amigo o cruzar la calle solo? Una vez que sienten que tienen cierto poder de decisión y que le das responsabilidad es difícil de limitar.

Trabajé con un niño llamado Richard que no necesitaba adaptarse a vivir con hermanastros, sino con el novio de su madre, que se había instalado en su casa. Apenas tenía experiencia con niños y le costaba mucho imponerle disciplina. No sabía lo que hacía y cuando creía que Richard no se portaba bien lo mandaba a su cuarto. Evidentemente, Richard no estaba de acuerdo con este sistema, y decía que prefería que su madre fuera la única que lo disciplinara o que el novio le diera un primer aviso y un castigo justo si seguía portándose mal. Le pregunté cómo creía que podía plantearlo, y dijo que preferiría hablar con su madre. ¿Qué le diría y cuándo lo podría discutir con ella? Richard dijo que le explicaría cómo se sentía y cómo quería que funcionaran las cosas en el futuro. Lo haría en la siguiente ocasión que estuvieran juntos a solas. Finalmente, discutió la situación con su madre y entre todos, incluido el novio, plantearon una nueva serie de reglas.

Si vas a dejar que tu nueva pareja discipline a tu hijo, conviene que le digas lo que sabes que funciona y cómo te gustaría que impusiera esa disciplina. Es necesario hacer un cursillo acelerado de criar niños si vais a compartir la experiencia.

¿Quién tiene potestad para disciplinar a tu hijo y cómo quieres que lo haga?

No le gusta su padrastro o su madrastra

Una pequeña de 8 años que se llamaba Zoe vino a verme porque no le gustaba su padrastro. Le pregunté por qué e hicimos una lista de las cosas que no le gustaban. Entonces le pedí que hiciera una lista con las cosas buenas que tenía. Una vez confeccionadas las dos listas le pregunté si quería llevarse mejor con él. «¡Sí!», contestó. Le pregunté qué significaba «llevarse mejor» para ella y dijo que quería ser capaz de hablar con él como hablaba con su padre. Quería tener una conversación con él, pero sentía que siempre se interponían las cosas que no le gustaban de él. He aquí la lista de cosas que le molestaban de su padrastro:

- No ayuda en la casa.
- Le hace ordenar su habitación.
- Canta muy alto.
- No le deja ver su programa de televisión preferido.

Analizamos la lista detalladamente tratando de ver si podía hacer algo para cambiar estos hábitos «molestos». Zoe vio que la mayoría de ellos podía solucionarse y simplemente tendría que adaptarse a aquellos que no tuvieran solución. Por ejemplo, no podía cambiar el hecho de que su padre no ayudara en casa, pero sí hablar con su madre y pedirle que hiciera algo para que él le dejara ver su programa favorito en la tele. Cuando Zoe puso las cosas buenas y las malas en perspectiva, se dio cuenta de que su padrastro no estaba tan mal y que de hecho, la situación estaba mejorando.

¿Podría tener una conversación con él ahora? Si era así, ¿sobre qué, cuándo y cómo? Así fue como siguió nuestra conversación:

Yo: «¿Cuándo puedes hablar con él?».

Zoe: «En la cena».

Yo: «¿Puedes hacerlo en ese momento?».

Zoe: «Sí, mamá y su novio cenan juntos».

Yo: «¿Y te puedes unir?».

Zoe: «Sí».

Yo: «¿De qué hablarías?».

Zoe: «Le preguntaría qué tal el día».

A la semana siguiente volví a ver a Zoe y dijo que la semana había ido mejor y que su madre había notado que se había esforzado con su padrastro.

Zoe no es la única niña que ha tenido un problema con la pareja de su progenitor.

Mia aseguraba que cada vez que tenía una discusión con su padre su madrastra interfería y eso la molestaba mucho. Después de discutir distintas posibilidades para hacer que su madrastra dejara de interferir Mia decidió hablar con su padre para pedirle que convenciera a su madrastra de que dejara de meterse en sus discusiones. Le pregunté cuándo pensaba hacerlo y dijo que la próxima vez que estuviera a solas con él. Cuando vimos los progresos en nuestra siguiente sesión dijo que había hablado con su padre y que éste le había prometido persuadir a su mujer para que no interfiriera. Más tarde, en una conversación telefónica de control, Mia dijo que se estaba llevando mejor con su madrastra porque ya no se metía en las discusiones con su padre. ¡Funcionó!

Lo que vas a necesitar

Contestar a las preguntas de tu hijo en un lenguaje adecuado para su edad.

Dedicar tiempo a hablar con tu hijo.

Mantener la rutina de tu hijo lo más «normal» que puedas.

No dejar a tu hijo entre dos fuegos, pues no es ningún juego.

Criar a los hijos como una unidad aunque estéis separados.

Revisar reglas y disciplina cuando se forma una familia reconstituida.

9

Cómo ayudar a tu hijo con los problemas en el colegio

«Acosador: persona que utiliza la fuerza o la influencia para hacer daño o intimidar a quienes son más débiles que él».

Acoso

Por desgracia el acoso o *bullying* está por todas partes. Como padres, lo podemos encontrar en el trabajo, en el patio, con otros padres o incluso con nuestros veci-nos. No importa la edad que tengamos, es algo inne-cesario y gratuito. Los niños a menudo creen que no pueden detener a su acosador o *bully*, y en cierto modo tienen razón, pues no podemos cambiar el comportamiento de los demás. Los acosadores son responsables de sus actos. Lo que sí podemos hacer es enseñar a nuestros hijos a responder mejor ante ellos. El acoso puede ser físico, verbal, racista o emocional, y puede dañar seriamente la autoestima y la confianza en sí mismo de un niño. Puede realizarse a través de Internet en redes sociales o en otros medios de interacción social. El acoso cibernético (o *ciberbullying)* se ha generalizado porque permite que el acosador ni siquiera tenga que mirar a la cara a su víctima, lo cual le da más confianza para decir lo que le venga en gana. Si tu hijo es lo suficientemente mayor como para utilizar las redes sociales háblale del acoso cibernético para que sepa qué hacer si se encuentra con cualquier clase de elemento abusivo (por ejemplo, bloquear y denunciar al acosador). Sugiérele que sólo se haga amigo de gente a la que conoce y en quien confíe; entre ellos, tú, para que puedas controlar sus actividades de vez en cuando.

Antes de continuar me gustaría hacer una observación. En este capítulo hablaremos de un acoso escolar estándar, como burlas malintencionadas y hostigamiento físico. Éste es el grado de acoso que sufre la mayoría de niños que acude a mi consulta. Las situaciones de mayor gravedad deberían ser tratadas por el colegio, de modo que asegúrate de conocer la política de acoso escolar que sigue el centro de tu hijo.

¿Por qué acosan los niños?

Algunos lo hacen para ocultar su propia falta de adaptación (por ejemplo, porque no se sienten bien consigo mismos). Es posible que tengan una baja autoestima y se sientan inseguros. No quieren enfrentarse al hecho de que la vida no es fácil y de que no son felices, y proyectan su falta de adaptación sobre otros niños. Algunos también acosan a otros porque quieren esconder cómo son en realidad.

Es posible que un *bully* nunca haya aprendido que tiene que asumir la responsabilidad por su comportamiento, que ni siquiera sea capaz de reconocer el efecto de su acoso sobre otros niños, y por ello siga haciéndolo y no sepa comportarse de otra manera. Los niños que hostigan pueden haber presenciado a otras personas haciéndolo y al ver la sensación de poder que da quieran actuar como ellos. También es posible que provengan de un entorno en el cual este tipo de comportamiento es aceptable, incluso habitual.

Hay tantas razones posibles detrás del acoso que creo muy importante que las compartas con tu hijo.

Tiene que entender que no todos los niños son educados del mismo modo y que puede que los padres de esos niños críen a sus hijos de forma distinta a la tuya. Los *bullies* suelen tener un amplio abanico de prejuicios como excusa para descargar su rabia sobre los demás. Y la razón pueden ser los celos, la envidia o incluso el rechazo.

El acoso puede afectar seriamente al estado de ánimo de tu hijo, sus patrones de sueño, su apetito y su entusiasmo por la vida. Muchos se angustian ante la idea de ir al colegio porque temen ser acosados o meterse en algún lío.

Por ejemplo, Christopher estaba disgustado porque Morgan le llamaba cosas feas todos los días y le costaba dormir por las noches. Estuvimos hablando durante las vacaciones escolares y tratamos el tema de Morgan. Christopher ya estaba pensando en la vuelta al cole y le preocupaba volver a verlo. Le pregunté si merecía la pena preocuparse cuando en realidad debería estar relajándose y divirtiéndose con sus amigos. Christopher dijo que no.

Entonces le pregunté qué otras cosas podía hacer para dejar de preocuparse sobre algo que aún no había ocurrido. «Quizá Morgan haya cambiado y ya no te llame cosas feas. ¿Qué otras cosas podrías pensar para que Morgan no estropee tus vacaciones?». He aquí sus sugerencias:

- «Son mis vacaciones del cole y las voy a disfrutar».
- «Soy más importante que Morgan».
- «¿Cómo puedo saber que Morgan se va a portar mal conmigo? Quizá me esté preocupando por nada».
- «Si Morgan se mete conmigo tengo muchas ideas sobre qué hacer». Entre sus ideas estaba ser amable con Morgan hasta cuando se portara mal con él, y también decírselo a la profesora. Morgan siempre estaba metido en algún lío, así que Christopher pensaba que la profe le creería.

Christopher cambió su manera de pensar para poder disfrutar del resto de sus vacaciones y acabó sintiéndose más positivo ante la vuelta al cole.

Responder a los bullies

Si tu hijo dice que lo están acosando intenta que te explique qué le hace creerlo. Algunos niños sienten que son víctima de acoso escolar cuando un compañero los ignora sin querer, hace alguna broma acerca de él o no lo invita a participar en un juego sin mala intención. Todas estas situaciones pueden herir los sentimientos de tu hijo y disgustarle mucho. Es posible que su amigo dijera o hiciera algo sin mala intención, o que ni siquiera sepa que ha hecho algo malo, pero cuando hieren a tu hijo con palabras o acciones conviene que habléis de ello.

Es importante escuchar a tu hijo cuando dice que sufre acoso escolar. El *bullying* es un acto intencionado para provocar y para enfadar a otros. Conoces a tu hijo y su carácter. Si dice que lo están acosando y su explicación trasluce que lo que el otro niño hizo o dijo no era a propósito pero tu hijo sintió que era intencionado, explícale la diferencia que existe entre hacer una broma o tomar el pelo y acosar a alguien. Una vez que comprenda la diferencia lo podrás ayudar a resolver el problema de forma adecuada. Ahora bien, tanto la una como la otra son situaciones que hacen que los niños se disgusten y ambas son injustas y desagradables.

Si tu hijo está siendo víctima de acoso escolar hay muchas cosas que puedes hacer para que deje de serlo. Evidentemente, hay distintos grados de *bullying*, y unas ideas funcionarán mejor que otras dependiendo de cada caso. Yo hablaría de todas ellas para ver cuáles cree que podría probar:

- Enséñale a ser asertivo: mantener contacto visual con su acosador y utilizar un lenguaje corporal fuerte. Cuando digo lenguaje corporal fuerte quiero decir ponerse erguido, con los hombros echados hacia atrás y sentirse fuerte como si fuera a enfrentarse al propio Goliat. Anímalo a que camine por la habitación con esa actitud corporal para que entienda a qué te refieres.

- Anímalo a defenderse. Si el acosador dice algo, tu hijo puede responder. Quizá podría utilizar siempre la misma frase, como: «No dejaré que me pegues» o «Déjame en paz». Enséñale a no rebajarse a su nivel, y mantenerse fuerte y confiado para plantarle cara.

- Enséñale un lenguaje positivo para utilizar consigo mismo. Algo tan sencillo como decirse: «Soy bueno y soy amable. No me importa lo que digan», y marcharse.

- Si es capaz de hacerlo, enséñale a ocultar sus emociones. Cuando su acosador le diga algo desagradable tratando de provocarlo, se llevará una desilusión si ve que no reacciona y es posible que le deje en paz.

- Tu hijo podría parar los pies al *bully* cuando diga algo despectivo. Por ejemplo, si dice: «Eres estúpido» y tu hijo contesta: «Gracias» o «Lo sé», es probable que lo deje fuera de juego.

- Podría hablar con su profesor/a para que sea consciente de la situación.

- Podría alejarse de su acosador y unirse a otro grupo de amigos durante los recreos.

- Podría escribir en una hoja de papel todo lo que siente sobre el niño que lo acosa. Si le cuesta hablarte de cómo se siente ante la situación, otra posibilidad es escribirse una nota a sí mismo o llevar un diario de lo que va sucediendo y cuándo ocurre;

además, os serviría de «prueba» si hay que tomar cartas en el asunto.

Apoya a tu hijo todo lo necesario y trabajad en equipo con los profesores y el colegio para poner fin a la situación.

Conociendo a tu hijo como lo conoces, ¿cómo crees que podría detener a los acosadores y qué clase de apoyo crees que necesita de tu parte?

Sally tenía 7 años y vino a verme porque sentía que la estaban acosando en el colegio. Un grupo de chicas de su clase le llamaba cosas feas, la seguía e inventaba mentiras sobre ella. Nos centramos en buscar la manera de cambiar la situación lo antes posible. Para empezar hicimos una lista de cosas que podía hacer para protegerse a sí misma y sus sentimientos de las acciones de esas niñas. Luego las fuimos valorando del 1 al 10, tomando el 10 como la mejor valoración. Mientras valorábamos la lista Sally me iba diciendo si creía que cada una de esas medidas tendría consecuencias. En definitiva, si creía que cambiaría algo. Las opciones eran las siguientes:

- Pedirles que paren: 4/10.
- Alejarse: 6/10.
- Preguntarles por qué lo hacen: 3/10.
- Hacer como si fuera gracioso: 1/10.
- Decírselo a la profesora: 5/10.
- Explicar a las niñas cómo se siente: 10/10.
- Ignorarlas: 5/10.

Ante los insultos Sally decidió ser honesta con las chicas y decirles cómo se sentía. Pensaba que las repercusiones serían bastante limitadas, y que en el peor de los casos se reirían de ella y en el mejor comprenderían sus sentimientos. Quizá ni siquiera fueran conscientes de lo mal que lo pasaba cuando le llamaban cosas feas. Si era así, a lo mejor entenderían lo disgustada que estaba y serían más amables con ella. Si no reaccionaban ante su honestidad, el siguiente paso sería alejarse de ellas y jugar con otras amigas. En lo referente a seguirla e inventar mentiras acerca de ella Sally decidió que lo mejor sería ignorarlas. Después hablamos de lo mucho que valía Sally, y la niña comprendió que merecía mucho más que el trato que estaba recibiendo de sus compañeras.

A la semana siguiente nos volvimos a ver y me dijo que lo de alejarse estaba funcionando y, cuando plantó cara a las niñas por llamarle cosas feas, una de ellas se disculpó y empezó a ser amable con ella. Sally estaba mejor y creía que con el tiempo su resistencia ante los insultos haría que se aburrieran por la falta de respuesta y que acabarían desistiendo.

La herramienta que hay que utilizar

Herramienta para detener el acoso:

1. Si tu hijo acude a ti diciendo que lo acosan y quiere hacer algo para evitarlo, confeccionad una lista de todo lo que podría hacer para pararlo.
2. Pregúntale qué cree que pasaría si pusiera en práctica cada una de esas medidas para detener el acoso.
3. Pregúntale si cree que cada medida mejoraría la situación o si la empeoraría.
4. Que valore cada idea del 1 al 10, tomando 10 como la mejor valoración.
5. Anímalo a probar su idea.
6. Ve controlando la situación a lo largo de varias semanas con los comentarios que te vaya haciendo tu hijo.
7. Si la idea funciona, anímalo a seguir con ella. Y si tu hijo cree que puede controlar la situación

por sí solo y quiere probar otra de sus ideas, deja que lo haga.

8. Si tu hijo cree que la situación ha ido demasiado lejos, háblale de la posibilidad de que intervenga el colegio. Mientras tanto, trabaja sobre su confianza para que se sienta más fuerte ante la situación y consigo mismo.

La madre de Josh estaba preocupada porque su hijo era víctima de acoso escolar y al llegar a casa no quería hablar de su día en el colegio. Cuando le pregunté al niño directamente acerca del cambio en su comportamiento, me dijo que había un par de chicos en su clase que se portaban mal con él. Durante la clase le tiraban del pelo y le daban golpes en la espalda y cuando salían al patio lo insultaban. Josh quería que pararan, pero sin que sus padres o los profesores se metieran. Le pregunté si le importaba que hablara con su madre sobre lo que estaba sucediendo, y dijo que no, pero que prefería ocuparse de ello personalmente, así que hicimos una lista de las medidas que Josh quería tomar para detener el *bullying:*

● Decir algo a los chicos para pararles los pies: 8/10.

● Parecer menos asustado y alejarse cuando estén en el patio. Si están en la clase, pedir permiso al profesor para cambiarse de sitio: 5/10.

- Responder y contraatacar: 3/10.
- Quedarse con sus amigos y crear una unidad para que los *bullies* no puedan hacerle daño: 8/10.

Yo también propuse varias medidas alternativas, pero Josh insistía en poner en práctica sus ideas. Entonces le pregunté qué creía que sucedería si ponía en práctica cualquiera de las medidas planteadas en la lista, y pensándolo detenidamente vio que la segunda opción no funcionaría, porque los chicos lo seguirían, y la idea de responder podía empeorar la situación. Creía que si decía algo a los chicos se quedarían pasmados y eso sería bueno. Por otra parte, pensaba que la idea de hacer una unidad de «guardaespaldas» podía disuadir a los acosadores y que le dejarían en paz. Josh valoró todas las ideas, del 1 al 10, y en función de su valoración decidió ir probándolas por orden. Una semana después nos volvimos a encontrar y me dijo que los chicos no habían sido tan malos pero que quizá fuera porque un par de ellos no habían ido al cole. Nos volvimos a ver dos semanas más tarde y dijo que habían empezado a acosarlo otra vez y que quería que el problema se acabara ya. Le pregunté qué quería expresar con eso y contestó que quería decírselo al profesor y que su madre interviniera. Josh y su madre estuvieron hablando con el colegio y él y yo seguimos trabajando sobre su autoestima, explicándole que toda aquella situación no era culpa suya.

Es malo con los demás

¿Por qué es tu hijo malo con los demás? Es una pregunta a la que puede que no quiera contestar, pero si un padre o algún niño te dice que tu hijo se está portando mal querrás llegar hasta el fondo del asunto. ¿Con quién se está portando mal? ¿Y por qué? Pregúntale cómo se sentiría si alguien se portara mal con él. ¿Le gustaría? ¿Cómo le gustaría que lo vieran los demás? ¿Y qué debería hacer para cambiar? Háblale sobre cómo controlarse y dejar de seguir a otros niños y decirles cosas feas. Que piense: «Si soy buena persona, le caeré bien a la gente» y que se dé cuenta de que si no empieza a cambiar acabará solo y triste. Si tu hijo se porta mal con otros niños, es posible que le falte una autoestima sana. Quizá no se guste demasiado y por ello intente que los demás se sientan mal para así sentirse mejor (para algunos consejos para mejorar la autoestima de tu hijo véase capítulo 8).

Concentración

A algunos niños les cuesta concentrarse. Las clases pueden ser aburridas y su mente empieza a divagar o se distraen con la persona que tienen sentada al lado. Y aunque ellos creen que no pasa nada por no prestar atención, puede tener un efecto importante sobre su vida más adelante.

Puede ser un círculo vicioso: si no escucho... No sé qué hacer... Tendré que hacer el trabajo más despacio... El profesor me regañará... No me gusta el profesor... así que no escucho.

Hay que romper el círculo

A algunos padres les preocupa el rendimiento académico de su hijo y se ponen en contacto conmigo para trabajar sobre su capacidad de concentración. Yo hablo con el niño/a sobre la importancia de las clases. Le pregunto qué quiere hacer cuando termine el colegio. ¿Cuál sería su trabajo ideal? ¿Qué tiene que hacer para conseguirlo? Es probable que tenga que aprobar algunos exámenes y para ello es necesario concentrarse y participar en la clase.

Intento averiguar qué es lo que hace que la clase le resulte aburrida y lo animo a buscarle el lado bueno. También le sugiero que piense: «Si no presto atención me meteré en un lío y no sacaré las notas que quiero sacar».

Ahora bien, a un niño con tendencia a distraerse puede resultarle muy difícil prestar atención en clase. Una forma de hacerlo sería repetirse a sí mismo: «Ahora tengo que trabajar. Luego, fuera de clase, puedo divertirme». Si hay alguien que los distrae o hace que no se concentre en clase, quizá podría pedir al profesor que lo cambie de sitio, ignorar a esa persona o pensar: «Tengo que concentrarme; si no, no sabré qué deberes tengo y no podré hacerlos».

Tim siempre se metía en líos por no prestar atención en clase. Acababa castigado con mucha frecuencia y sus padres habían recibido una carta del colegio acerca de su comportamiento. El siguiente paso después de enviar la carta sería abrirle un expediente disciplinario, y Tim quería evitarlo como fuera. El motivo por el cual siempre se metía en problemas era porque sus compañeros de clase le tiraban cosas durante la clase y él les respondía haciendo lo mismo. Le pregunté si tenía alguna idea para parar esta situación y dijo: «No tirarles nada». Ahora bien ¿con qué pensamientos positivos podía reforzar esta postura? Por ejemplo, podía decirse: «No les tires nada, o te castigarán, y no quieres que eso pase». ¿Y qué hacer con las cosas que le lanzaban? Pues podía quedárselas hasta el final de la clase y luego devolvérselas a los perpetradores. Funcionó. Puso en práctica esta técnica de no lanzar nada aunque sus compañeros le tiraran cosas y luego se las devolvía. Los otros se quedaron perplejos y después de unos días se aburrieron y desistieron.

Planificar

A algunos niños les cuesta mucho cuadrar todo en su día a día, especialmente al salir del colegio, con las clases particulares, las actividades extraescolares, los deberes y el deseo y la necesidad de relajarse. Un plan de deberes (véase página 259) los ayudará a ser más organizados con su trabajo. Pero, hablando de la rutina al volver del colegio, he visto a muchos niños que se quejaban de que cuando vuelven a casa tienen que hacer los deberes inmediatamente y no les apetece. Quizá preferirían tomarse un refresco o merendar antes de ponerse con los deberes, o les gustaría ver la tele y dejar los deberes para después de cenar. ¿Qué hace tu hijo cuando tiene una actividad extraescolar y tiene que buscar tiempo para hacer los deberes? ¿Cuándo puede hacerlos? ¿Cómo se organizaría mejor? No todos los niños son iguales en lo relativo a la rutina extraescolar, de modo que es importante que decidáis un plan juntos. Ahora bien, aviso que será necesario negociar.

A continuación tienes un posible programa de actividades para después de las clases:

Programa de actividades extraescolares				
Lunes	*Martes*	*Miércoles*	*Jueves*	*Viernes*
Casa y merienda	Club extraescolar	Casa y merienda	Club extraescolar	Casa y Merienda
Deberes	Casa y descansar	Deberes	Deberes	Tiempo libre
Club de exploradores	Deberes	Profe particular	Casa	Tiempo libre
Cena	Cena	Cena	Cena	Cena
Relax	Relax	Relax	Relax	Relax
20.30 h Acostarse	20.30 h Acostarse	20.30 h Acostarse	20.30 h Acostarse	20.30 h Acostarse

¿Cómo sería el programa de actividades extraescolares de tu hijo?

La transición a Secundaria

El momento de empezar la Educación Secundaria puede ser angustioso para tu hijo. Conoce a nuevos profesores, se encuentra con un trabajo distinto, viejos amigos a los que no le apetecía ver después de Primaria y la temible perspectiva de conocer a un montón de gente nueva. Puede que tu hijo vaya a un colegio nuevo con sus viejos amigos, pero esto puede acarrear problemas, porque algunos de ellos querrán hacer amigos nuevos y tu hijo puede sentirse traicionado. Sin embargo, la transición no sólo afecta a las amistades, tu hijo tiene que preocuparse de más deberes, de no perderse en las clases, de que no abusen de él, de aguantar la presión, de organizarse, de llegar al colegio y de los profesores.

Si te preocupa que tu hijo pueda sentirse desbordado en la Secundaria no dejes que lo note. Ahora bien, habla con él acerca de sus miedos y discutid lo que se espera de él cuando entre en el nuevo colegio o instituto. También puede ser una época difícil para los padres porque tenéis que aceptar que vuestro hijo se hace mayor y que nunca más será el bebé que depende exclusivamente de vosotros.

Los prolegómenos de la transición

Hasta que alcanzan el sexto curso de Primaria (12 años) los niños están acostumbrados al entorno escolar, al patio, a un tipo y a una cantidad de deberes determinada y con un poco de suerte han construido un buen grupo de amigos en los que pueden confiar. En primavera averiguan a qué colegio o instituto irán el año siguiente y cuáles de sus amigos irán al mismo que ellos. De repente se forjan nuevas alianzas entre los niños que irán al mismo sitio y quieren conocerse mejor y ofrecer al compañero seguridad y apoyo, la sensación de que no estarán solos. Saber a qué colegio irá puede hacer que tu hijo se sienta inseguro, pues se da cuenta de que en apenas unos meses abandonará su territorio conocido de amigos, profesores y demás.

Cambiar de colegio es una transición importante y se produce en un momento en que los niños se acercan a la pubertad, de modo que tienen que lidiar con muchas emociones además de la repentina aparición de las hormonas, una tarea nada fácil. Es difícil saber si el estrés que experimentan está relacionado con la transición o es fruto de las hormonas. Nuestro deber es darles todo nuestro cariño y apoyo en esos momentos, pero también dejarles espacio para lidiar con ambos cambios.

Hacer nuevas amistades

¿Le cuesta a tu hijo —o tiene la sensación de que le cuesta— hacer nuevos amigos? Puede que haga tiempo que no hace amigos nuevos. Haz que se detenga a pensarlo. ¿Fue el primer día de cole? Lo dudo. Probablemente fuera cuando se unió a un club nuevo o un día que estaba en el parque y acabó charlando con un niño que no conocía y que ahora es su amigo del alma.

Cuando diga que le preocupa no ser capaz de hacer amigos nuevos, recuérdale aquella ocasión. ¿Se acuerda de cómo empezó la conversación? ¿Qué le preguntó al otro niño y qué contestó? Podría abordarlo con preguntas como: «¿A qué colegio ibas?», «¿Me podrías enseñar a...?», «¿A quién conoces?» o «¿Sabes qué es lo que tenemos que hacer?».

¿De qué modo se presenta tu hijo? ¿Es educado o grosero? ¿Qué expresión tiene su rostro cuando lo hace? ¿Sonríe? La comunicación no verbal y el lenguaje corporal son muy importantes a la hora de hacer nuevas amistades. Cruzar los brazos da la impresión de que no te interesa la otra persona. En cuanto a sonreír, pues no hay nada de malo en parecer accesible. Reflexionar con tu hijo acerca de la última vez que hizo un nuevo amigo le hará sentirse bien y lo preparará mejor para intentarlo de nuevo.

Quizá piense que es el único en su nuevo colegio que no conoce a todos los demás. Explícale que la mayoría de niños que empieza la Secundaria tiene que hacer nuevos amigos, aunque alguno ya se conozca de antes. Incluso puede que quienes ya conocen a otros niños no los «conozcan» bien y quieran encontrar un nuevo grupo de amigos.

¿Qué es lo que más teme tu hijo a la hora de hacer nuevos amigos? ¿Que no lo vayan a aceptar tal y como es?

Recuérdale que no puede fingir ser algo que no es. La imitación no funciona. A los otros niños les gustará tal y como es, pero puede que tarde algún tiempo en encontrar personas afines a él y que lo acepten. Yo le recomendaría tratar de ser simpático con todo el mundo, no tener prisa por encontrar a su mejor amigo y no empeñarse en tener un grupo desde el principio. La primera persona que conozca no tiene por qué ser la adecuada para él.

Si cree que no tiene nada que ofrecer a sus posibles amigos, recuérdale el enorme potencial que posee como amigo y que no tardará mucho en hacerlos. Anímalo a pensar en sí mismo y en lo que le gusta y lo que no, lo que se le da bien y no tan bien. Si tu hijo sabe quién es, podrá decir con confianza: «Me encanta el fútbol pero no me gusta mucho el pilla-pilla». De este modo dejará que la persona con la que habla descubra algo de él, y con todos estos pedacitos de información se irá haciendo una idea de quién es, y la confianza y la amistad podrán arraigarse.

Otra buena idea podría ser animarlo a hablar de sus cualidades para reflexionar sobre el tipo de persona que es. Por ejemplo: «Soy servicial, extrovertido, honesto, responsable, divertido, etcétera». Estas cualidades son características que la gente busca en un amigo. Quizá podría escribirlas en una hoja de papel y pegarla en la puerta de su armario para recordar a diario lo mucho que vale y que puede ser un buen amigo. Si vuelves al capítulo 6 dedicado a la autoestima, encontrarás muchos ejercicios resumidos que podrías hacer con tu hijo para que recuerde quién es.

Es importante tener una autoestima saludable para hacer amigos. Si tu hijo lo pasó mal en Primaria tendrás que reforzar su autoestima antes de que empiece Secundaria para que se sienta fuerte y capaz de hacer amigos y afrontar situaciones nuevas. Ofrécele tu apoyo en los altibajos del proceso de hacer nuevas amistades y asegúrale que pronto hará amigos a los que querrá tanto como a sus antiguos compañeros.

Viejos amigos

Los niños se preocupan por las amistades que forjaron en Primaria. Les gustaría seguir en contacto, pero temen no tener tiempo suficiente para encajarlas en su nueva vida. ¿Será posible teniendo en cuenta los nuevos amigos que probablemente haga y las jornadas más largas y con más deberes? Tenemos que ser honestos con ellos y decirles que será difícil mantener el contacto con sus viejos amigos, pero que cuando se trata de las personas más especiales en la vida de uno siempre es posible. Si ambas partes hacen un esfuerzo, la amistad puede seguir viva. Podrías ayudarlo asegurándote de que tenga tiempo para verlos durante los fines de semana o en vacaciones. Otra posibilidad es crearle una cuenta en Skype o en MSN para que sigan en contacto. Explícale que si la amistad es lo suficientemente sólida sobrevivirá a Secundaria y mucho más allá.

Deberes

Hay tres temas principales que pueden preocupar a tu hijo. El primero es la cantidad de deberes que recibirá a partir de ahora, la segunda es si será capaz de hacerlos y la tercera es cómo cuadrarlos en su semana.

En cuanto a la cantidad de deberes explícale que aunque puede que tenga más tarea para hacer en casa en principio los profesores no le pondrán demasiado. Pregúntale qué cree que podría hacer si piensa que le ponen demasiados deberes.

Una vez asentado en su colegio de Secundaria Andy decía que no podía con la cantidad de deberes que le ponían, así que discutimos varias maneras de afrontar la situación. Después de analizar posibles medidas dijo: «Pues puedo no hacer nada y seguir sintiendo que es demasiado o puedo hablar con el profesor y pedirle un poco más de tiempo, o preguntarle si se le ocurre alguna otra idea». Habló con su profesor y éste fue bastante razonable: revisaron la cantidad de deberes que daba a toda la clase y rebajó un poco de presión sobre todos ellos.

¿Qué puedes hacer para ayudar a tu hijo cuando dice que no puede hacer la tarea, que no la entiende y que tiene miedo de decírselo al profesor? ¿Puede pensar en otra manera de hacer el trabajo sin tener que pedir ayuda al profesor? Una posibilidad sería pedir ayuda a algún amigo de confianza. Quizá entienda mejor lo que tiene que hacer y se lo pueda explicar. Otra opción es que te sientes con él y lo orientes sobre lo que tiene que hacer.

No obstante, en cualquiera de estos casos, lo más probable es que el profesor no sea consciente de que tu hijo no entiende la tarea que les ha puesto. Lo mejor es animar a tu hijo a decírselo y explicarle que no todo el mundo entiende las cosas a la primera. Crea un paralelismo con otra cosa que ya haya aprendido a hacer, como montar en bicicleta o cruzar la calle. Para hacer algo bien casi siempre hay que intentarlo varias veces.

Ahora bien, el trabajo será más duro y supondrá un desafío para tu hijo, y debe saberlo. También es importante explicarle que no todo lo que haga será emocionante o interesante, pero que aun así hay que hacerlo.

La tercera cosa que puede preocupar a tu hijo es cómo encajar los deberes en su organización semanal, teniendo en cuenta que reciben tarea en distintas asignaturas casi todos los días, y con distintas fechas de entrega. Algunos serán proyectos para hacer a lo largo de varias semanas, mientras que otros serán deberes para el día siguiente. Tengo de decir que he visto a mucho niños a los que cuando empiezan Secundaria les cuesta asumir distintas fechas de entrega. Si es el caso de tu hijo, propónle tener una agenda o un plan de deberes cerca de su espacio de trabajo. Con una agenda podrá documentar el trabajo que recibe para casa, los detalles de la tarea y cuánto tiempo tiene que dedicar a cada asignatura. Cada tarde podrá ver qué es lo que tiene que entregar al día siguiente y cerciorarse de que lo ha hecho.

Los planes de deberes son algo distintos. Se trata de un programa que puede guardar en casa y colgar en algún lugar de su cuarto, y puede ser tan sencillo como éste:

Plan de deberes							
	Lunes	Martes	Miércoles	Jueves	Viernes	Sábado	Domingo
Día para hacerlo	Lengua Mates	Inglés			Ciencias Sociales		Plástica
Día de entrega	Sociales	Lengua Mates	Inglés	Plástica			

De este modo tu hijo sabrá qué deberes tiene que hacer qué día y cuándo los tiene que entregar.

Ser organizado

Primaria es bastante fácil en lo referente a la organización, pero Secundaria es otra historia, especialmente porque queremos que nuestros hijos sean más responsables con sus pertenencias y sus horarios. El propio colegio espera que sus estudiantes se responsabilicen de ambos, por ello debemos animar a nuestros hijos a que se organicen en lugar de seguir haciéndolo nosotros. Es posible que tu hijo verbalice su preocupación por no estar preparado a tiempo para coger el autobús o por llegar tarde al colegio, o puede que notes que le cuesta organizarse porque se deja cosas en casa o se lleva los libros equivocados. Si ves que no es tan organizado como debería, pregúntale si quiere un poco de ayuda; es todo cuanto necesitará. Por ejemplo, si el colegio nuevo empieza más temprano, quizá le venga bien tener una nueva rutina por las mañanas. Haz que sea realista con los horarios que propone. ¿Cuáles de entre las cosas que hace por la mañana podría hacer antes de acostarse? Por ejemplo, quizá pueda preparar la mochila con los libros de texto adecuados y dejarla lista junto a la puerta.

Ser organizado no es algo que salga naturalmente, sino una habilidad que tiene que aprender. Una manera de ayudarlo es calcular la hora a la que tiene que levantarse tomando como referencia la hora a la que debe estar en el colegio. Por ejemplo, si tiene que llegar al colegio antes de las ocho y media, y necesita: diez minutos para la ducha, cinco para vestirse, veinte para desayunar, diez para llegar al autobús y quince de trayecto en el autobús sabrá que necesitará una hora para prepararse desde que se levanta hasta que empieza el día de colegio.

Hace unos años estuve viendo a un niño llamado Daniel. Necesitaba un sistema para recordar lo que tenía que llevarse al colegio. Le pregunté cuándo preparaba su mochila y me dijo que por la noche. ¿Qué tenía que meter en la mochila? Daniel comprendía que tenía que llevar los libros adecuados y los deberes para entregar. ¿Qué pasaba si olvidaba sus libros o los deberes? Dijo que le regañaban por entregar los deberes tarde e incluso podían castigarlo por olvidar los libros. ¿Quería que esto ocurriera? No. ¿Cómo podía hacer que dejara de pasar? Acordándose de llevar los libros y los deberes. ¿Y cómo acordarse? Podía decirse: «No quiero meterme en líos. Debo acordarme de coger mis libros y mis deberes». Otra posibilidad era ponerse una nota en su cuarto que dijera en letra grande: «¡LIBROS! ¡DEBERES!» como recordatorio.

Daniel también tenía un problema con el cambio de libros entre clase y clase. Cada vez que tenían cambio de clase metía los libros que ya no necesitaba en el casillero, pero se olvidaba de coger los de la clase siguiente. Para ayudarse a recordar que debía cambiar de libros se hizo un cartel amarillo que decía en letras grandes «LIBROS» y lo puso dentro de su casillero junto al horario de las clases. Ambos recordatorios lo ayudaron mucho y se acabaron las regañinas constantes.

¿Cómo ayudar a tu hijo a que se organice para el colegio y que esté tranquilo con sus horarios?

Llegar al colegio

Si a tu hijo le angustia llegar al colegio, pregúntale qué es exactamente lo que preocupa. ¿Que sea un trayecto largo? ¿No acordarse del número del autobús? ¿O tener que ir andando solo hasta allí? ¿Qué le gustaría hacer para paliar esta tensión? Sugiérele que quizá debería coger el autobús o ir andando con amigos para que no le resulte tan desalentadora la perspectiva de entrar solo en el colegio.

Puede que sea la primera vez que tu hijo vaya al colegio en autobús o en tren. Asegúrate de que sabe exactamente dónde tiene que subirse y dónde bajarse. Incluso podríais hacer una excursión de prueba juntos para cercioraros de que lo recuerda.

Profesores

Tu hijo pasará de tener muy pocos maestros para todas las asignaturas a un profesor distinto para cada materia. Esto puede resultarles desalentador, pues cada profesor puede tener un estilo docente distinto y algunos serán más estrictos que otros. Si a tu hijo le preocupan sus nuevos profesores, puede que sea porque cree que no se llevará bien con ellos o porque cree que no les va a gustar. Explícale que no hay más remedio que tener más profesores y que tendrá que aprender a tolerar y a respetar a todos y cada uno de ellos, por poco que le gusten.

Acoso escolar

Si tu hijo fue víctima de acoso escolar en su anterior colegio, tranquilízalo diciendo que eso no significa que vaya a ocurrir lo mismo en Secundaria. Yo no entraría en demasiado detalle, pero hazle ver que es una oportunidad de empezar de nuevo. Recuérdale todas las cosas buenas del colegio y las oportunidades que le esperan, ya sea aprender un nuevo idioma o tocar un instrumento, hacer excursiones con su clase, etcétera.

Perderse

El centro de Secundaria puede ser mucho más grande que el colegio al que acudía tu hijo en Primaria y cabe la posibilidad de que se pierda. De hecho, es casi seguro. Si le preocupa perderse, tranquilízalo diciendo que habrá muchos otros niños perdidos por la escuela y que los profesores saben perfectamente que puede ocurrir y que es posible que lleguen tarde a clase. No pasa nada por perderse y, si ocurre, ¿qué puede hacer? Quizá podría pedir ayuda a algún alumno mayor o a un profesor, o hacerse con un plano del centro para evitar perderse.

A algunos niños les entra el pánico cuando se pierden. Si es el caso de tu hijo, muéstrale algunas técnicas de respiración y enséñalo a pensar en todas las opciones que tiene en una situación parecida.

Acumular presión

Es posible que tu hijo haya estado con los mismos niños desde preescolar hasta el fin de Primaria y considere que esos niños con los que ha crecido son sus amigos. Quizá hubiera un poco de rivalidad entre ellos en lo referente a las notas y las capacidades académicas y puede que no fuera más que un pasatiempo sin consecuencias. Ahora que pasa a Secundaria puede que sienta un peso añadido por la presión de sus nuevos amigos, sus profesores, de ti o incluso de sí mismo. Si es así, lo sabrás, porque probablemente lo exprese a través de sus emociones.

Es posible que se muestre malhumorado o dedique más tiempo del habitual al trabajo. Pregúntale qué tal lleva su nueva vida y la nueva rutina. Si está agobiado y siente que no puede con todo el trabajo del colegio, las actividades extraescolares y la vida social —o la falta de ella—, pensad en dónde podrías reducir la presión. ¿Qué actividades son más importantes para él? ¿Le gustaría tener más tiempo para estar con sus amigos? La Secundaria es más difícil, y por ello es importante encontrar el equilibrio adecuado para que los niños no se esfuercen más allá de lo que conviene.

Asentarse en la vida de Secundaria no es fácil para todos los niños. Si ves que a tu hijo le está costando, recuérdale que no tardará en acostumbrarse a la nueva situación. Es normal que cometa errores y se equivoque, pero seguro que también acierta en muchas cosas y cada equivocación es una experiencia de la que aprender.

Comparte con él tu experiencia cuando empezaste Secundaria y explícale cómo te sentiste. ¿Qué diferencias había entre tu colegio y el suyo?

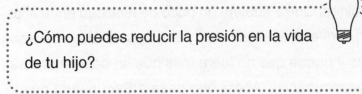

¿Cómo puedes reducir la presión en la vida de tu hijo?

Lo que vas a necesitar

Hay una diferencia entre que se metan contigo y el acoso.

Haz que tu hijo piense en las consecuencias de no escuchar en clase.

Tu hijo sabe cuándo es el mejor momento para hacer los deberes.

Para ser organizado hay que planear las cosas.

La Secundaria no tiene por qué asustar.

10

Cómo ayudar a tu hijo con sus habilidades para la vida

«La cura contra el aburrimiento es la curiosidad. Para la curiosidad no hay cura».

DOROTHY PARKER

Aunque este capítulo es heterogéneo, resulta igual de importante que el resto de apartados, pues se refiere a las habilidades que queremos que nuestros hijos tengan para la vida. Varios padres me han dicho: «Mi hijo no tiene estas habilidades para la vida y creo que las necesita. Por favor, ayúdeme a enseñárselas». A continuación discutiré esas habilidades por orden alfabético sin seguir ningún criterio.

Aburrimiento

A algunos niños les cuesta mantenerse entretenidos. Es posible que estén acostumbrados a que alguien los entretenga siempre, a estar ocupados en todo momento o tener a mamá, a papá o a sus hermanos cerca y dispuestos a jugar constantemente. Es bueno que los niños se aburran, pues el aburrimiento puede alimentar la creatividad y la imaginación. Si tu hijo se queja de que se aburre, pregúntale qué le gustaría hacer para entretenerse. ¿Qué le gusta hacer? ¿Lo puede hacer solo? La respuesta ideal sería que sí.

Ahora bien, el aburrimiento puede transgredir las actividades de los demás. Si tu hijo está aburrido y persigue a uno de sus hermanos para que juegue con él cuando en realidad le apetecería hacer otras cosas, puede que el hijo «aburrido» se enfade y empiecen a pelearse. Otro inconveniente del aburrimiento es la queja y sus posibles efectos sobre nosotros.

Cuando se aburría, Harry se metía con su hermana; casi siempre acababa haciéndole daño y metiéndose en un lío. ¿Le gustaba meterse en líos? No. Entonces ¿cómo podía evitarlo? ¿Qué podía hacer para entretenerse y no portarse mal? Hicimos una lista:

- Leer.
- Hacer manualidades.
- Preguntar a su hermana si quería jugar a algo.
- Jugar con su Lego.
- Jugar a su juego favorito en la Playstation.
- Dibujar.

¿Todas estas actividades eran posibles sin el consentimiento ni la participación de los mayores? Sí. Escribió la lista sobre un papel y le pregunté dónde podía ponerla para acordarse de todas las cosas que podía hacer cuando se aburriera. Dijo que la pared de su cuarto era el mejor sitio y que cuando se aburriera entraría en la habitación para ver lo que podía hacer. Si tenía algo que hacer, molestaría menos a su hermana.

Ethan también solía aburrirse cuando no podía pensar en nada a lo que jugar. Su madre estaba cansada de verlo deambular por la casa incapaz de entretenerse. Hizo una lista de cosas que le gustaba hacer, pero en lugar de utilizar la lista para acordarse de buscar algo que hacer en ese momento por la noche sacaba un juego, un libro o una actividad para tener un entretenimiento preparado en su cuarto por la mañana, que era cuando más se aburría.

Tanto en el caso de Harry como en el de Ethan la preparación fue fundamental para evitar el aburrimiento y las listas los ayudaron a recordar que había algo que podían hacer. Para Harry poner la lista en un lugar muy visible funcionó de maravilla.

Si los niños tienen problemas para encontrar algo que hacer nada más despertar, yo recomendaría dejar algo preparado: libros, manualidades o dejar encendido el ordenador si la configuración de seguridad de Internet lo permite. De este modo no tendrán que molestaros a horas intempestivas.

Admitir la culpa

«No fui yo. Fue culpa suya». Oímos estas palabras con demasiada frecuencia. ¿Cómo podemos hacer para que nuestros hijos levanten la mano y admitan su culpa? ¿Qué creen que sucederá si lo hacen? En general no sucede nada, pues nos estarán demostrando que son capaces de asumir la responsabilidad de sus actos. Claro está, siempre habrá circunstancias en las que una determinada acción acarreará un castigo y ello depende de cómo críes a tu hijo. Debemos explicar a nuestros hijos que en la vida no se trata de buscar siempre quién tiene la culpa. Lo que hay que buscar es la verdad, porque la verdad siempre nos causará menos problemas que la mentira. Pregunta a tu hijo de qué tiene miedo cuando se plantea admitir que ha hecho algo. Anímalo a practicar la asunción de la responsabilidad: podrías darle un tiempo limitado para admitir lo que ha hecho y si lo hace dentro de ese tiempo no habrá broncas o el castigo será menor. Por ejemplo, si ha estado tirando basura al suelo y le preguntas si es suya y dice que no, pero por su mirada sabes que fue él, dale cinco minutos para admitir que lo hizo. Es mucho más fácil culpar a otro que «aguantar el discurso» pero ¿es lo correcto?

Jessica estaba acostumbrada a marcharse enfadada cuando algo era culpa suya. Era su manera de llevar el bochorno de haber hecho algo mal. Estuvimos barajando otras formas de reaccionar que no fueran escabullirse de esa manera:
- Podía pedir disculpas y seguir con lo que estaba haciendo.
- Podía pedir disculpas y abandonar el lugar.

Jessica decidió que prefería disculparse, hacerlo sinceramente y seguir con lo que estuviera haciendo. No puedo decir que le resultara fácil, pero lo intentó con todas sus ganas y sigue haciéndolo.

Otra situación interesante es cuando un niño pide perdón por algo que sabemos que no es culpa suya. Si tu hijo lo hace, puede ser un indicio de falta de autoestima. Puedes ayudarlo a reforzarla trabajando algunos de los ejercicios que vimos en el capítulo 6. Con una autoestima saludable tu hijo comprenderá que sólo debería disculparse cuando haya hecho algo mal personalmente y no asumir la responsabilidad porque crea que todo es culpa suya siempre.

Cambios

A algunos niños les cuesta horrores aceptar el cambio y adaptarse a las situaciones nuevas. Si es el caso de tu hijo, puedes ayudarlo a ver que no todos los cambios son malos, que no tienen por qué dar miedo, y que a veces tiene que asumir que son inevitables. Por ejemplo, no puede evitar que sus padres se separen o dejar el colegio para ir al instituto. Si crees que a tu hijo le va a afectar el cambio, puedes prepararlo hablándole de ello, respondiendo a sus preguntas y discutiendo sus preocupaciones. A los niños les suele gustar saber lo que les espera de inmediato para poder empezar a procesar en su mente lo que va a pasar y cuándo va a pasar. Así se preparan mentalmente para el cambio.

Decidir

A algunos niños les cuesta mucho tomar decisiones. Les resulta difícil porque creen que siempre hay una respuesta correcta y una respuesta incorrecta para cada pregunta. Otros tienen un carácter tranquilo y les gusta decidir porque no les preocupa el resultado, y los hay que quieren complacer a los demás y por ello les dejan decidir en su lugar para evitar hacer algo en contra de los deseos de otro niño. También hay niños que creen que deberían decidir todo lo que les concierne y niños que querrían tomar más decisiones pero no pueden porque sus padres o sus compañeros no se lo permiten.

Si tu hijo cree que siempre hay una respuesta correcta e incorrecta

Le puedes explicar que no hay tal cosa. Sea cual sea la decisión que tome, siempre podrá aprender de ella. Puede tratarse de una decisión sencilla como elegir el sabor de un helado: vainilla o chocolate. Él es quien se lo va a tomar, así que ¿cuál le apetece más?

La herramienta que hay que utilizar

Herramienta para tomar decisiones:

1. Si sabes que a tu hijo le cuesta decidir, dale a elegir entre un par de opciones: «¿Quieres que te compre estos pantalones o esta falda?».
2. Asegúrate de que comprenda que cuando decide algo debe ser consecuente con su decisión, porque si cambia de opinión se complica las cosas a sí mismo y a los demás.
3. Si resulta que ha tomado la decisión equivocada en esa ocasión, al menos habrá aprendido de la experiencia.

Niños a quienes no les importa tomar decisiones

No va a haber alguien para decidir por tus hijos toda la vida. Aunque no les importe hacer una cosa u otra, todos tenemos opinión y deberíamos ser capaces de verbalizarlas.

Natalie era una niña que venía a mi consulta y se dejaba llevar por lo que hicieran sus amigos y su familia. Parecía no importarle lo que hacía. Sus padres querían que se expresara porque empezaban a sentirse frustrados ante su falta de opinión y querían saber qué era lo que le hacía feliz, qué le ilusionaba. Le pedí que hiciera una lista de las cosas que le hacían feliz y lo que le gustaba hacer, y nos quedó una lista bastante más larga de lo esperado:

- Cine.
- Comer sushi.
- Estar con mamá.
- Ver a mi mejor amiga.
- Jugar a los bolos.
- Hacer pasteles.
- Jugar a la Nintendo.
- Hacer joyas.

Quería averiguar por qué cuando su madre dijo: «¿Qué tipo de comida queréis cenar esta noche?». Natalie contestó: «Me da igual» en lugar de: «Me apetece sushi». O por qué cuando sus amigos le preguntaban qué quería hacer ese día ella no decía: «Ir a jugar a los bolos o al cine». Le expliqué la importancia de tomar decisiones y que si siempre decidían los demás por ella acabaría siendo muy infeliz porque nunca haría lo que de veras le apetecía. ¿Quería hacer lo que le apetecía? Sí. ¿Quería intentar tomar decisiones y ver qué ocurría? Sí. Le sugerí que cuando le hicieran una pregunta ella se dijera a sí misma: «Si no decido tendré que hacer lo que quiere el resto y no lo que quiero yo. Debería elegir».

En nuestra siguiente sesión Natalie me dijo que al principio le había costado, pero que la víspera de volver a verme le había dicho a su madre que quería ver a su mejor amiga cuando le preguntó qué le apetecía hacer.

Si tu hijo no quiere tomar decisiones para no disgustar a los demás

Siempre hay gente que ante todo quiere complacer a los demás, y para un niño una de las formas de hacerlo es siguiéndoles la corriente. Es bueno que sean considerados con las opiniones y los sentimientos del resto, pero resulta igualmente importante que también hagan lo que quieren y lo que necesitan. Si siempre dejan sus necesidades en último lugar, puede generárseles una enorme frustración. Una forma de ayudar a tu hijo a curtirse y a verbalizar su opinión es mostrarle cómo lo haces tú. Demuestra tu habilidad para tomar decisiones cuando tus hijos están cerca para que vean y aprendan de ti. Por ejemplo, si uno de tus amigos te pide que recojas a su hijo del colegio y lo lleves a casa, pero tienes prisa para llevar al tuyo a una actividad extraescolar y sabes que te hará llegar tarde, di: «No». Cuéntale a tu hijo lo que ha pasado y explícale que no siempre podemos comprometer nuestras necesidades.

Si tu hijo quiere tomar todas las decisiones

Queremos inculcar un sentido de responsabilidad en nuestros hijos y conferirles la fuerza necesaria para que tomen decisiones, pero ¿qué hacer cuando creen que deberían decidirlo todo? Una posibilidad es sentarnos con ellos, hablarles del papel de un padre en lo que se refiere a las decisiones, y explicarles que hay distintos niveles de decisión. Que comprendan que les dejarás elegir lo que crees que es relevante que elijan teniendo en cuenta su edad y su vida. Las grandes decisiones, como la hora de acostarse, cómo gastamos el dinero de la familia, dónde vamos de vacaciones, nos tocan a los padres; ellos deciden cómo gastar el dinero que reciben por su cumple, qué figura hacen con el Lego o qué cereales quieren desayunar.

Si tu hijo quiere tomar más decisiones pero no se lo permiten

Algunos niños se quejan de que no les dejan decidir y creen que sus padres no confían en ellos. Es posible que sus padres sean especialmente controladores o que tengan miedo de las decisiones que puedan tomar. Si es el caso de tu hijo, quizá podrías darle un poco de margen y libertad para que tome algunas decisiones por su cuenta, aunque sean equivocadas. Sí, es posible que salga herido emocional o físicamente, pero aprenderá de sus propios errores y eso le enseñará bastante más que todo lo que le podamos contar.

Un ejemplo bastante sencillo es el de Leah, que quería tener la posibilidad de elegir la ropa que se ponía los fines de semana. Su madre insistía en elegirla por ella porque decía que las prendas que Leah quería no eran adecuadas para el tiempo o para lo que iban a hacer al día siguiente. Esto disgustaba a la niña porque quería decidir qué ponerse. Hablé con ella y le pregunté qué creía que podía hacer. Dijo que podía preguntar a su madre qué planes tenían al día siguiente, elegir su ropa y si resultaba que no era la adecuada para el día ella asumiría la responsabilidad de pasar calor, frío o estar mojada. Su madre accedió y dejó que Leah tomara la decisión. Decidir, ya fuera bien o mal, le dio mucha fuerza a Leah, y eso es exactamente lo que necesitaba.

Cuando tomes una decisión, compártela con tu hijo. Explícale el proceso que te lleva a decidir y cuéntale tus prioridades y tus motivos. Háblale de decisiones que tomaste en el pasado: las buenas, las malas y las difíciles. La belleza de compartir nuestras experiencias estriba en que nuestros hijos aprenden por las buenas lo que nosotros quizá aprendimos por las malas. Dedica tiempo a hablar con tus hijos acerca del proceso de decisión y recuerda que siempre aprenden mejor de una pequeña prueba de ensayo y error que si tú tomas la decisión por ellos. Poseer una habilidad desarrollada para resolver problemas y tomar decisiones los ayudará a aprender lo que necesitan para decidir con aplomo en su vida adulta.

Si nuestros hijos no toman decisiones no conseguirán lo que quieren y puede que no sean felices a causa de ello. Una parte fundamental del proceso de tomar decisiones para ellos estriba en saber qué es lo que quieren, y ahí puede estar el problema. Muchos niños no saben lo que quieren, especialmente si tienen muchas opciones apetecibles. Podemos ayudarlos dándoles solamente dos opciones, como, por ejemplo, «Podemos ir a la piscina o al parque», y facilitarles el proceso de decisión.

Modales

A la mayoría de los padres les gustaría que sus hijos tuvieran buenos modales. Cuando digo modales, me refiero a decir «gracias» y «por favor» y mostrar consideración hacia los demás. Cuando un niño se choca con otra persona nos gustaría que dijera «disculpe», aunque haya sido por accidente o a propósito.

Los modales son importantes por varias razones. Unos buenos modales dicen bastante de tu hijo y de su educación. Si eres capaz de enseñarle buenos modales será más respetuoso con los demás y es probable que lo traten con más respeto. No hay nada más agradable que escuchar un «gracias» o un «por favor» en boca de un niño. La cortesía puede dar una estupenda primera impresión.

Pero ¿qué haces si tu hijo olvida sus modales cada dos por tres? ¿Cómo reeducarlo? Puedes hacer varias cosas:

- Asegúrate de comportarte siempre con buenos modales para dar ejemplo.
- Si se le olvida hacer o decir algo, puedes soplárselo: «¿Se te ha olvidado algo?» o simplemente fingir como si no hubieras oído lo que ha dicho porque se le pasó decir «por favor».
- Que tenga claro los modales que se esperan de él.
- Pregúntale cómo lo tratan sus compañeros y cómo cree que debería tratarlos. Si dice que sus amigos son educados con él/ella, pregúntale qué significa eso y si cree que es lo suficientemente educado con los demás.
- Pregúntale cómo le gustaría que lo recordaran después de conocer a alguien.

- Háblale de la importancia de la buena educación cuando queda a jugar con otros niños o lo invitan a casa de algún amigo por primera vez. Si quiere que lo vuelvan a invitar, le conviene recordar este tipo de cosas.

¿Cuáles son los modales que crees que debería tener tu hijo?

Modales en la mesa

En este apartado me gustaría mencionar también los modales en la mesa porque creo que encajan dentro de los detalles agradables que queremos que demuestren nuestros hijos. Son importantes porque queremos que puedan comer sin avergonzarse de sí mismos en casa de sus amigos. Sé que las madres se avergüenzan cuando ven que sus hijos abandonan el cuchillo y el tenedor y los reemplazan por los dedos. Si un niño no sabe qué modales debe utilizar en la mesa, le preguntaría para qué cree que tiene los cubiertos y le pediría que me dijera cómo cree que se debería comportar a la mesa. Si quieres que tu hijo coma correctamente puedes establecer una serie de reglas. En nuestra casa llevamos tres o cuatro años siguiendo una serie de reglas a la hora de las comidas. Al principio la lista era muy larga, superaba la veintena, pues todos apuntamos lo que creíamos que se debía hacer, pero con el tiempo hemos conseguido reducirlas a cinco:

1. No hables con la boca llena.
2. Siéntate bien.
3. Pide permiso para levantarte de la mesa.
4. Espera a que todo el mundo haya terminado el segundo plato para coger el postre.
5. Utiliza los cubiertos.

Pusimos estas reglas en el corcho de la cocina y cada vez que veía que mis hijos empezaban a romperlas les preguntaba cuáles eran.

No estoy diciendo que estas reglas concretas sean las adecuadas para todo el mundo, pero si te sentaras con tu familia y eligierais vuestras cinco reglas principales, ¿cuáles serían?

Pensamientos negativos

De vez en cuando todos pensamos con negatividad acerca de lo que ocurre en nuestra vida o sobre nosotros mismos. Forma parte de la vida. Algunos somos capaces de sobrellevar esos pensamientos y otros no. Sin embargo, a los niños les puede resultar difícil pensar en positivo cuando alguien les menosprecia o cuando no obtienen el éxito que esperan al hacer algo. Los pensamientos negativos se apoderan de su mente con mucha facilidad y sin previo aviso, y puede ser difícil librarse de ellos.

Cuando un niño cree que va a fracasar, sabotea inconscientemente cada oportunidad de tener éxito. Por ejemplo, si está jugando al fútbol, es posible que no intente o no se esfuerce en ganar y juegue con poco entusiasmo porque está convencido de que, al fin y al cabo, el equipo no puede ganar si forma parte de él.

Lo mismo ocurre cuando alguien le dice algo «negativo» a tu hijo y se lo toma a pecho. Por ejemplo, si le llaman «idiota» puede creer que de veras lo es. Interioriza la palabra y puede empezar a pensar negativamente acerca de sí mismo. Los pensamientos negativos pueden llevarlo a hacer algo que no quiere o que no está obligado a hacer. Es posible que empiece a ver la vida como una experiencia triste y sin interés, y que no vea nada bueno en sí mismo.

Jay estaba en el último año de Primaria y el colegio donde quería estudiar Secundaria exigía un examen de acceso. El chico lo hizo y no entró. El colegio dijo que podía volver a hacer el examen porque creía que tenía capacidad para aprobarlo. Nos vimos después del primer examen y su disgusto era evidente. Hablamos de cómo se sentía y por qué no había aprobado. Dijo que no se había esforzado lo suficiente porque estaba convencido de que no era capaz de aprobar. Entonces le pregunté:

— Si quería entrar en ese colegio / Sí.

— Si quería hacer el esfuerzo y volver a intentarlo / Sí, pero sólo si aprobaba.

— Qué era lo que le hacía creer que no iba a aprobar / Que había suspendido una vez y podía volver a hacerlo.

— Cómo entró en su actual colegio / Hizo un examen.

— Qué le decía eso / Que ya lo consiguió una vez y que podía volver a conseguirlo.

— Cómo podría pensar de forma distinta para esforzarse más y aprobar / Podría ser más positivo e imaginarse feliz en su nuevo instituto.

— Qué pensaría y qué se diría a sí mismo para seguir esforzándose / Pensaría: «Sé que puedo hacerlo; soy lo suficientemente bueno y entraré».

— Sería eso suficiente para motivarlo a estudiar mucho y a confiar en que la próxima vez lo conseguiría / Sí.

Luego hicimos una lista de todo lo que Jay había conseguido hasta ese momento y analizamos paso a paso lo que tenía que decirse a sí mismo. Nos vimos dos sesiones. La segunda vez me contó entusiasmado que había aprobado el examen. Fue maravilloso ver que entre los dos habíamos conseguido alimentar su confianza para hacer el examen bien y dejar atrás los pensamientos negativos.

Si tu hijo se ve atrapado en pensamientos negativos, ¿por qué suele ser?

La negatividad de tu hijo suele derivar directamente de su experiencia vital, pero también puede provenir de ti. Una vez que se encuentra atrapado en un círculo de pensamientos negativos puede resultarle difícil librarse de ellos. ¿Cómo ayudarlo en esos casos? Anímalo a pensar en todo lo que hace bien y en sus habilidades. También puedes intentar hacerle entender que por el mero hecho de que algo malo haya sucedido en el pasado no significa que se vaya a repetir. Por ejemplo, si tu hijo se cae de un columpio en el parque y se hace daño, es posible que empiece a pensar que volverá a suceder y no quiera volver a correr el riesgo de subirse a un columpio.

Los pensamientos negativos pueden impedir a un niño probar cosas nuevas, le pueden hacer evitar situaciones difíciles y rendirse con facilidad. «Lo he intentado pero no salió bien a la primera, así que no puedo hacerlo». He visto a muchos niños que cargan con mucha tristeza provocada por sus pensamientos y creencias negativas. Por ejemplo, pueden decir: «No quiero ir al cumple de Ben porque será un rollo» o «He sacado una mala nota en el examen de mates, así que para qué esforzarme si ya lo hice para el examen y no me fue bien».

Si tu hijo piensa en negativo, puedes animarlo a que enumere sus pensamientos negativos y buscar la evidencia de cada uno de ellos. A continuación verás un ejemplo de cómo podéis hacerlo:

Pensamiento negativo	Evidencia que lo sustenta	Evidencia que va en contra del pensamiento
Soy muy malo jugando al fútbol	Fallé un gol	Marqué en el partido anterior, y defiendo bien
Nunca ganaré una carrera	Ninguna	Gané una el año pasado
Sé que nunca lo voy a conseguir	Ninguna	No lo he intentado

Este tipo de planteamiento fomenta el pensamiento equilibrado. El pensamiento equilibrado consiste en tomar un pensamiento y darle la vuelta. Si alguien llama estúpido a tu hijo, podría decirse a sí mismo: «Vale, me ha llamado estúpido. ¿Lo soy? No. Entonces, no dejaré que me afecte». En lugar de creer lo que les han dicho como una verdad incontestable, se trata de ser racional con uno mismo y dentro de las situaciones. He aquí otras ideas para ayudar a tu hijo a combatir su negatividad:

La herramienta que hay que utilizar

Herramienta contra los pensamientos negativos:

1. Cada vez que sorprendas a tu hijo verbalizando un pensamiento negativo haz que lo rechace.
2. A continuación haz que piense en algo positivo. Igual que el ejemplo sencillo que mencioné en el párrafo anterior, si le llaman «estúpido», podría decirse a sí mismo: «De hecho, soy bastante listo porque...».

- Podríais hacer un ejercicio juntos en el que tu hijo redacte una lista de pensamientos negativos sobre sí mismo o sobre la vida y luego una lista de pensamientos positivos. De esta forma verá que la vida no está tan mal. También podéis hacerlo visualmente dibujando un personaje con dos bocadillos indicando lo que dice, un bocadillo para los pensamientos negativos y otro bocadillo para los positivos.

- Cuando diga que algo le va a salir mal, haz que se visualice haciéndolo bien. ¿Cómo se siente cuando algo le sale bien? Si cierra los ojos, ¿puede verse a sí mismo saltando de alegría por haber conseguido algo?

- Anímalo a escribir sus pensamientos negativos en un diario y luego buscar pruebas que rebatan cada uno de esos pensamientos. Si lo hiciera cada noche vería lo negativo que está siendo y lo positivo que podría ser.

- Ayúdalo a decir: «Puedo» en lugar de: «No puedo». Incluso podrías tratar el «No puedo» como una especie de palabrota, y cada vez que le oigas decirla tendrá que pagar una prenda o poner una moneda de su paga en un bote.

- Enséñalo a tener una actitud mental positiva expresando su emoción ante nuevas experiencias y abrazando sus nuevos desafíos.

También es posible que tu hijo exagere lo negativo y diga cosas como: «Todo el mundo me odia» cuando en realidad sólo hay un par de niños con los que no se lleva bien. Habla con él acerca de la situación para que vea que su afirmación no es realista.

Para finalizar este apartado sobre el pensamiento negativo creo que es importante hablar de la actitud. Hay niños que parecen no ilusionarse por nada. Si es el caso de tu hijo, puedes ayudarlo a ser más positivo sentándote con él a reflexionar sobre su vida —el cole, los amigos, vosotros, sus hermanos, sus actividades, etcétera— y animándolo a que diga una cosa buena de cada una de esas partes de su vida. Por ejemplo, pregúntale: «¿Qué tiene de bueno tener hermanos?», «¿Qué tiene de bueno tu colegio?» y «¿Qué asignatura o qué profesor te gusta?».

¿De qué modo es negativo tu hijo y qué medidas podrías poner en práctica para que se llene de positividad?

Puntualidad

A muchos niños les cuesta ser organizados. Sea cual fuere el motivo, necesitan ayuda para gestionar su tiempo, porque la desorganización y la impuntualidad les causan problemas. Si tu hijo tiene problemas con la puntualidad puedes ayudarle de varias formas:

- Ponle un despertador para que se levante (si tiene que ir al colegio). Si lo colocas lo más alejado de la cama que puedas, lo obligarás a levantarse físicamente.

- Ve dándole avisos sobre el tiempo que tiene para llegar a los sitios.
- Deja *post-it* en su cuarto con la hora a la que tiene que haber hecho X.
- Si te lo pide, recuérdaselo directamente.
- Pregúntale: «¿Te puedes imaginar qué le dice el hecho de que llegues tarde a la otra persona?» o «¿Te gustaría que alguien llegara tarde cuando ha quedado contigo?».

Si tu hijo te mete prisa porque odia llegar tarde, pregúntale qué consecuencias cree que puede tener el retraso.

Zak se agobiaba mucho por llegar tarde a las fiestas. Le entraba dolor de tripa pensando que tendría que entrar en la habitación solo y que todo el mundo lo miraría. Hablamos de cómo podía cambiar su manera de pensar para que no le preocupara tanto entrar en una habitación llena de amigos. Le sugerí que pensara: «No pasa nada si llego tarde. Todos mis amigos estarán en la fiesta y si me miran cuando entre debería pensar que es algo bueno. Es que me estaban esperando». Zak adaptó mi sugerencia para que funcionara en su caso y lo puso en práctica en una fiesta varias semanas más tarde. Dijo que había funcionado hasta cierto punto, pero que tardaría algún tiempo en acostumbrarse.

Si consideras que la puntualidad es importante, muestra a tu hijo cómo ser puntual. Si sabes que tu hijo se agobia por llegar tarde puedes paliar su ansiedad haciendo un esfuerzo para que siempre llegue a tiempo dentro de la medida de lo posible. Por ejemplo, a muchos niños les preocupa que sus padres lleguen tarde a buscarlos de alguna actividad.

Responsabilidad e independencia

Los niños pueden ser bastante caraduras. Si les dejaras, te podrían tener veinticuatro horas dando vueltas alrededor, pero ¿serían capaces de aprender a valerse por sí mismos de este modo? No. ¿Cómo hacer a nuestros hijos más responsables y capaces? Para empezar podemos analizar de qué son capaces ya. Piensa en la edad de tu hijo y sus habilidades. ¿Qué puede hacer por y para sí mismo?

- ¿Hacerse la cama?
- ¿Hacerse la comida?
- ¿Hacer planes con amigos?
- ¿Vestirse?
- ¿Poner la mesa?

Melanie tenía 8 años y se enfadaba mucho con su madre porque ésta le pedía que hiciera cosas en casa que no le apetecía hacer. Se pasaban el tiempo discutiendo cuando en realidad podía haberse dedicado a hacer las cosas y volver a lo que estaba haciendo antes. Quería mostrarle que lo que su madre le pedía no era excesivo y la animé a que hiciera una lista del tiempo que creía que tardaría en cada cosa. La lista quedó como sigue:

- Vaciar el lavaplatos: cuatro minutos.
- Poner la mesa: dos minutos.
- Hacer la cama: dos minutos.
- Ordenar la habitación: diez minutos.

A continuación le pregunté cuánto tiempo se pasaba discutiendo con su madre porque no quería hacer esas tareas domésticas. Dijo que unos diez minutos cada vez. Le pregunté si ocurría muy a menudo y si podría haber hecho otras cosas durante ese tiempo, y cogió el mensaje inmediatamente: podía haber tenido cuarenta minutos más para jugar. Melanie reflexionó sobre nuestra conversación y en la siguiente sesión me dijo que había empezado a hacer lo que le pedían sin rechistar y que le gustaba no pelearse con su madre.

Otro ejemplo de cómo hacer que un niño sea más independiente es el de Ben. Tenía 11 años y no estaba contento con su vida social. Su madre se negaba a hacer planes por él porque creía que podía hacerlo por sí mismo. Le pregunté qué creía que podía hacer para mejorar la situación. ¿Qué tipo de vida social quería? ¿Cuántos planes a la semana? ¿Cuándo: después del cole o durante el fin de semana? ¿Cómo podía organizar un plan? Dijo que le gustaría ver a sus amigos dos veces por semana y que la próxima vez que los viera podría proponerles algún plan. No le importaba que fuera después del colegio o durante el fin de semana. ¿Qué quería hacer cuando quedara con ellos? Jugar a la X-box o ir al parque. Diseñamos un plan y decidimos que la siguiente vez que viera a sus amigos sugeriría que vinieran a su casa un día concreto para jugar con la X-box. Le costó un tiempo ponerlo en práctica y hacer planes porque se tenía que hacer cargo de organizarlos cada vez que se veían. No creía que la estrategia estuviera funcionando bien del todo, de modo que decidió que sería mejor llamar o mandar un mensaje de texto a sus amigos para hacer planes y que de esa forma era menos probable que se olvidaran de ellos. En nuestra siguiente sesión me dijo que el método de mandar mensajes funcionaba mucho mejor y que le estaba empezando a gustar organizar cosas con sus amigos.

Lo que vas a necesitar

Admitir la culpa demuestra madurez.

La preparación ayuda a paliar el aburrimiento de los niños.

Es mejor tomar una decisión equivocada que no decidir.

Comparte con tu hijo el proceso que sigues para tomar decisiones.

Los buenos modales fomentan el respeto mutuo.

Cuestiona los pensamientos negativos.

Compensa un pensamiento negativo con otro positivo.

Las tareas domésticas les enseñan responsabilidad e independencia.

Mi hijo quiere ser astronauta

Conclusión

Espero que hayas disfrutado con la lectura de este libro. Algunos lo habréis leído de principio a fin y otros habréis ido leyendo secciones según lo hayáis ido necesitando. Sea como fuere, espero haberos aportado algunas ideas útiles y que las probéis con vuestros hijos con o sin su conocimiento. Todas ellas han sido utilizadas en mis sesiones de coaching.

Sí me gustaría recordarte que una vez que decidas poner en práctica una idea conviene ser consecuente con ella y controlar los progresos de tu hijo. En la introducción hice mención a la posibilidad de llevar un diario. Creo que es una manera estupenda de seguir su progreso, y el tuyo propio, siempre y cuando vayas fechando lo que va sucediendo. Te dispones a hacer cambios reales en la vida de tu hijo, y es posible que él o ella se muestre más dispuesto si te ve entregado a ayudarlo a mejorar aspectos concretos de su vida. No te rindas: al principio cualquier cambio es difícil, pero con el tiempo se hace más fácil. Si después de un mes no ves ningún progreso, puede que sea buena idea considerar otra opción para lidiar con el problema que le ocupa. Y no trates de cambiar todo al mismo tiempo. Si tu hijo tiene problemas de autoestima y también un problema de comunicación, aborda el que requiera tu ayuda más urgentemente y, cuando consideres que éste está arreglado o en vías de ello, puedes ponerte con el otro.

Sé constante en tu apoyo, y transmítele fuerza, valor y confianza. Ayúdalo a hacer cambios positivos en su vida.

Guía de referencia rápida a las herramientas

Para que puedas encontrar las herramientas fácilmente a continuación tienes una lista de todas ellas:

Más información

Si este libro te ha resultado útil y crees que a tu hijo le vendría bien trabajar directamente conmigo, no dudes en ponerte en contacto. En www.thekidscoach.org.uk encontrarás más información acerca de mi trabajo y mi experiencia. Suscribiéndote a mi boletín mensual, recibirás ideas para el día a día así como consejos para ayudar a tus hijos a conocerse mejor y a convertirse en adultos hechos y derechos.

También puedes escribirme a Naomi@thekids-coach.org.uk, y seguirme en Twitter: http://twitter.com/thekidscoach o en mi página de Facebook, donde suelo colgar enlaces a blogs y artículos interesantes relativos a la educación de niños (busca The Kids Coach en Facebook).

Buena suerte y recuerda: si me necesitas, soy accesible.

Mis mejores deseos,

Naomi

Referencias

Página 25: «Si tenemos dos orejas y una sola boca, es precisamente para escuchar el doble de lo que hablamos», Epícteto (55-135 d.C.). Filósofo griego que desarrolló un sistema para enseñar a sus pupilos a practicar el estoicismo en su vida diaria, animándolos a esforzarse en pos de la excelencia moral para alcanzar la eudaimonia.

Página 46: «El secreto del humor es la sorpresa», Aristóteles (384-322 a.C.). Filósofo griego, pupilo de Platón y maestro de Alejando Magno. Escibió acerca de distintas materias; entre ellas, la física, la poesía, la biología y la zoología, la lógica, la retórica, la política y el gobierno, y la ética.

Página 47: «Según los estudios, el 93 por ciento de la comunicación efectiva es no verbal. El 55 por ciento se transmite por lenguaje corporal y el 38 por ciento a través del tono, lo cual deja sólo un 7 por ciento en la palabra hablada», profesor Albert Mehrabian. El profesor Albert Mehrabian es uno de los grandes pioneros en el estudio de la comunicación desde la década de 1960. Tras doctorarse en la Universidad de Clark emprendió en 1964 una larga carrera como docente e investigador en la Universidad de California, Los Ángeles. En la actualidad se dedica exclusivamente a investigar, escribir y asesorar como profesor emérito de psicología en UCLA. El trabajo de Mehrabian tuvo mucha repercusión durante la segunda mitad del siglo xx en los primeros estudios sobre el lenguaje corporal y la comunicación no verbal.

Página 49: «Sin confianza en nosotros mismos somos como bebés en la cuna», Virginia Woolf (1882-1941), *Un cuarto propio*. Escritora, ensayista y editora inglesa, considerada una de las figuras más influyentes de la literatura modernista en el siglo xx.

Página 91: «Cuando trates con gente, recuerda que no estás tratando con criaturas lógicas, sino con criaturas emocionales, criaturas que desbordan prejuicios y movidas por el orgullo y la vanidad», Dale Carnegie (1888-1955). Famoso autor de influencia perdurable que escribió sobre la compostura y la concentración. Su obra más conocida es *Cómo ganar amigos e influir en las personas*, publicado en 1936.

Página 123: «La verdadera felicidad no está en tener muchos amigos, sino amigos valiosos y selectos»,

Samuel Johnson (1709-1789), *Vidas de los poetas*, vol. i-iv. Ensayista, lexicógrafo, biógrafo y poeta.

Página 157: «No bajes la cabeza. Mantenla bien alta. Mira a los ojos al mundo», Helen Keller (1880-1968). Autora estadounidense, activista política y catedrática de universidad que demostró que el lenguaje podía liberar a las personas ciegas y a las sordas.

Página 171: «Sé siempre la mejor versión de ti mismo, y no una versión mediocre de otra persona», Judy Garland (1922-1969). Actriz y cantante estadounidense.

Página 179: «Si no tenemos paz, es porque hemos olvidado que nos pertenecemos los unos a los otros», Teresa de Calcuta (1910-1997). Autora y líder religiosa, premio Nobel de la Paz, misionera beatificada por la Iglesia Católica.

Página 203: «Pase lo que pase en la calle, en casa siempre debería haber paz», Isaac Watts (1674-1748). Pastor, predicador, poeta y autor de himnos inconformistas inglés. Escribió más de setecientos himnos de alabanza al creador, su obra y su palabra.

Página 267: «La cura contra el aburrimiento es la curiosidad. Para la curiosidad no hay cura», Dorothy Parker (1893-1967). Autora, humorista y poeta estadounidense.

Agradecimientos

Este libro trata de la comunicación, y por ello creo necesario expresar mi agradecimiento a todas las personas que lo han hecho posible. Ante todo mi agradecimiento más sentido a todos los niños que me han dado la oportunidad de trabajar con ellos. Me hicisteis comprender que tenía que escribir este libro y sin vosotros no habría sido posible. En segundo lugar quiero dar las gracias a Nick Coffer, mi enlace. Con todo descaro te pedí que me pusieras en contacto con tu agente literario para hablarle de mi idea, y funcionó... ¡Quién lo iba a decir! Gracias, Clare, por creer que este libro tenía lugar en una biblioteca. Ha sido fantástico trabajar contigo y espero que lo volvamos a hacer pronto. Susanna, también ha sido un placer trabajar contigo. Has sido una editora maravillosa, mostrando constantemente tu fe en mi capacidad como escritora, y me siento verdaderamente privilegiada por haber podido trabajar contigo y con todo el equipo de Vermilion. Entre todos habéis hecho posible un proceso de edición fácil y sin complicaciones. Ha sido toda una aventura y lo he disfrutado mucho.

Quisiera dar las gracias a Richard Maun, amigo y ávido escritor. Richard, gracias por tu ayuda y tus consejos acerca de los protocolos preeditoriales. Como bien sabes, tu asesoramiento ha sido inestimable. También me gustaría agradecer a Helen su ayuda comprobando las citas, su apoyo a nivel administrativo durante los últimos seis meses y su excelente labor con la publicidad del libro junto al equipo de Vermilion. Habéis sido maravillosos.

A mis amigas Mel, Rachel y Becky, correctoras de pruebas, gracias por dedicar vuestro tiempo libre a leer el manuscrito. Junto a Dana, Lorraine, Miriam y Lana, habéis sido una excelente caja de resonancia para mis ideas y maravilloso alimento para mi pensamiento. Asimismo me gustaría dar las gracias al resto de mis amigas y a todas las madres del colegio (vosotras sabéis quiénes sois) por ayudarme con mis niños y por escuchar mis apasionados e interminables discursos sobre el libro. Vuestra amabilidad preguntándome siempre cómo iban las cosas me ha dado mucha fuerza.

Mamá y papá, gracias por responder a mis llamadas incesantes y a cualquier hora, y disculpad todos los días sin hora de regreso. El día a día ha sido tremendamente alocado a ratos. A vosotros y a mis hermanas, Mandy, Penny y Jodie, gracias por compartir el viaje y por vuestro increíble apoyo.

Por último quisiera dar las gracias a mi marido, que me ha animado desde la barrera y me ha demostrado su fe en que podía hacer algo que me apasionaba tanto. También me gustaría agradecer a mis hijos fantásticamente entrenados, E y K. Sé que ahora mismo no comprendéis del todo lo que hace vuestra madre cuando dice que ayuda a los niños y los hace más felices, pero espero que algún día lo hagáis. Estoy muy orgullosa de los dos y espero que vosotros lo estéis de mí y de este libro, y que sigáis convirtiéndoos en las personas amables, atentas, generosas, seguras, consideradas y alegres que ya sois.

Este libro
se terminó de imprimir
en España en el mes
de febrero de 2013

Aguilar es un sello del Grupo Santillana
www.librosaguilar.com/es

Argentina
Av. Leandro N. Alem, 720
C 1001 AAP Buenos Aires
Tel. (54 11) 41 19 50 00
Fax (54 11) 41 19 50 21

Bolivia
Calacoto, calle 13, n° 8078
La Paz
Tel. (591 2) 279 22 78
Fax (591 2) 277 10 56

Chile
Dr. Aníbal Ariztía, 1444
Providencia
Santiago de Chile
Tel. (56 2) 384 30 00
Fax (56 2) 384 30 60

Colombia
Carrera 11A, N 98-50
Oficina 501
Bogotá
Tel. (571) 705 77 77

Costa Rica
La Uruca
Del Edificio de Aviación Civil
200 metros Oeste
San José de Costa Rica
Tel. (506) 22 20 42 42
y 25 20 05 05
Fax (506) 22 20 13 20

Ecuador
Avda. Eloy Alfaro, N 33-347
y Avda. 6 de Diciembre
Quito
Tel. (593 2) 244 66 56
Fax (593 2) 244 87 91

El Salvador
Siemens, 51
Zona Industrial Santa Elena
Antiguo Cuscatlán -
La Libertad
Tel. (503) 2 505 89
y 2 289 89 20
Fax (503) 2 278 60 66

España
Avenida de los Artesanos, 6
28760 Tres Cantos - Madrid
Tel. (34 91) 744 90 60
Fax (34 91) 744 92 24

Estados Unidos
2023 N.W. 84th Avenue
Miami, FL 33122
Tel. (1 305) 591 95 22
y 591 22 32
Fax (1 305) 591 91 45

Guatemala
26 avenida 2-20
Zona nº 14
Guatemala CA
Tel. (502) 24 29 43 00
Fax (502) 24 29 43 03

Honduras
Colonia Tepeyac Contigua
a Banco Cuscatlán
Frente Iglesia Adventista
del Séptimo Día,
Casa 1626
Boulevard Juan Pablo
Segundo
Tegucigalpa, M. D. C.
Tel. (504) 239 98 84

México
Avda. Rio Mixcoac, 274
Colonia Acacias
03240 Benito Juárez
México D.F.
Tel. (52 5) 554 20 75 30
Fax (52 5) 556 01 10 67

Panamá
Vía Transísmica,
Urb. Industrial Orillac,
Calle segunda,
local 9
Ciudad de Panamá
Tel. (507) 261 29 95

Paraguay
Avda. Venezuela, 276,
entre Mariscal López
y España
Asunción
Tel./fax (595 21) 213 294
y 214 983

Perú
Avda. Primavera 2160
Santiago de Surco
Lima 33
Tel. (51 1) 313 40 00
Fax (51 1) 313 40 01

Puerto Rico
Avda. Roosevelt, 1506
Guaynabo 00968
Tel. (1 787) 781 98 00
Fax (1 787) 783 12 62

República Dominicana
Juan Sánchez Ramírez, 9
Gazcue
Santo Domingo R.D.
Tel. (1809) 682 13 82
Fax (1809) 689 10 22

Uruguay
Juan Manuel Blanes, 1132
11200 Montevideo
Tel. (598 2) 410 73 42
Fax (598 2) 410 86 83

Venezuela
Avda. Rómulo Gallegos
Edificio Zulia, 1º
Boleita Norte
Caracas
Tel. (58 212) 235 30 33
Fax (58 212) 239 10 51